Schweitzers Textausgaben
mit Anmerkungen.

Reichswahlgesetz

vom 30. November 1918

Verordnung über die Wahlen zur verfassunggebenden Deutschen Nationalversammlung

und

Die Wahlordnung

für den neuen Bayerischen Landtag

vom 7. Dezember 1918

mit einer Einleitung über die Verhältniswahl

erläutert von

H. von Jan,
Regierungsrat im Bayer. Ministerium des Innern.

1918
München, Berlin und Leipzig
J. Schweitzer Verlag (Arthur Sellier).

By

Reichswahlgesetz

vom 30. November 1918

Verordnung über die Wahlen zur verfassunggebenden Deutschen Nationalversammlung

und

Die Wahlordnung

für den neuen Bayerischen Landtag

vom 7. Dezember 1918

mit einer Einleitung über die Verhältniswahl

erläutert von

H. von Jan

Regierungsrat im Bayer. Ministerium des Innern.

1918

München, Berlin und Leipzig

J. Schweitzer Verlag (Arthur Sellier).

By

Druck von Dr. F. P. Datterer & Cie. (Arthur Sellier) München-Freising.

Inhaltverzeichnis.

I.

Einleitung.

1. Das Reichstagswahlrecht.

Das Wahlrecht zum Reichstag des Deutschen Reiches auf Grund des Gesetzes vom 31. Mai 1869 beruhte auf allgemeinen, gleichen, geheimen, unmittelbaren Wahlen mit der Wahlberechtigung aller über 25 Jahre alten deutschen Männer und mit der Wählbarkeit aller Wahlberechtigten, die einem deutschen Staate seit mindestens 1 Jahre angehört haben. Es beruhte ferner auf dem Grundsatze der Mehrheitswahl, indem in jedem der Wahlkreise der Bewerber als gewählt galt, der darin die absolute Mehrheit, d. h. um eine Stimme mehr, als die Hälfte der abgegebenen Stimmen, erhalten hatte. So fortschrittlich und freiheitlich diese Grundsätze über das Wahlrecht für die Zeit vor einem halben Jahrhundert gewesen waren, so wenig vermochten doch die Bestimmungen über die Einteilung der Wahlkreise den sich mehr und mehr ändernden Verhältnissen gegenüber auf die Dauer zu entsprechen. Schon bei der Bildung der Wahlkreise stand übrigens die Berücksichtigung der bundesstaatlichen Grenzen und der Verwaltungseinteilung der einzelnen Länder dem Streben nach tunlichster Gleichheit der Wahlkreise entgegen. Dazu kam dann im Laufe der Zeit die sehr verschiedenartige Entwicklung der verschiedenen Gegenden des Reiches. In manchen Wahlkreisen wuchs die Bevölkerung riesenhaft an, ohne daß die Wahlkreiseinteilung hiewegen geändert oder die Zahl ihrer Abgeordneten vermehrt wurde. Daher erwies sich eine Änderung in dieser Beziehung mehr und mehr als notwendig. Im Sommer 1918 hat deshalb der Reichstag — unter Beibehaltung der Grundlagen des Wahlrechtes — zunächst die Vereinigung einer Anzahl der übergroßen Wahlkreise und die Vermehrung der Abgeordnetensitze für diese um 44, also im ganzen von 397 auf 441, sowie die Einführung der Verhältniswahl hiefür beschlossen. Das Reichsgesetz hat zwar am 24. August 1918 noch Gesetzeskraft erlangt, ist aber nicht mehr zur Ausführung gekommen, da vorher die November-Ereignisse zu einer Weiterentwicklung über dieses Gesetz hinaus geführt haben.

Die neue Regierungsgewalt im Reiche, der Rat der Volksbeauftragten, hat schon in dem programmatischen Aufruf: „An das deutsche Volk" vom 12. November 1918 am Schlusse folgendes bekanntgegeben:

„Alle Wahlen zu öffentlichen Körperschaften sind fortan nach dem gleichen, geheimen, direkten, allgemeinen Wahlrecht auf Grund des proportionalen Wahlsystems für alle mindestens 20 Jahre alten männlichen und weiblichen Personen zu vollziehen.

Auch für die Konstituierende Versammlung, über die nähere Bestimmung noch erfolgen wird, gilt dieses Wahlrecht."

Dementsprechend ist für das ganze Deutsche Reich am 30. November 1918 die Verordnung über die Wahlen zur verfassunggebenden Nationalversammlung (Reichswahlgesetz) und am gleichen Tage die Wahlordnung hiezu ergangen. Sie schafft vollständig neues Recht. Wahlberechtigt sind alle mindestens 20 Jahre alten deutschen Männer und Frauen. Wählbar sind alle Deutschen, die mindestens ein Jahr Deutsche sind. Die Wahl erfolgt für alle Wahlkreise — jetzt 37 mit je 6—17, zusammen 433 Abgeordneten — nach den Grundsätzen des Verhältniswahlrechtes am 16. Februar 1919.

2. Die Verhältniswahl.

Ehe an die Besprechung der neuen Bestimmungen über die Wahlen im einzelnen herangegangen werden kann, ist es erforderlich, zunächst den Begriff der Verhältniswahl, die hiebei eine große Rolle spielt, und ihre Einrichtung im allgemeinen kurz zu besprechen. Dabei ist aber nicht etwa eine wissenschaftliche, auf Vollständigkeit Anspruch erhebende Behandlung, sondern nur eine möglichst gemeinverständliche Erläuterung dieses vielerörterten Gegenstandes beabsichtigt. Der Verfasser verhehlt sich nicht, daß es nicht leicht ist, hiebei Gemeinverständlichkeit zu erreichen, weil es sich um einen sehr spröden Stoff handelt; er hält aber den Versuch der Gemeinverständlichkeit bei dieser Frage, die mit der Ausübung eines namentlich jetzt so außerordentlich wichtigen Volksrechtes untrennbar verbunden ist und weiteste Volkskreise lebhaft bewegt, für unbedingt geboten.

Nach dem bisher insbesondere auch im Reich bei politischen Wahlen eingeführten Verfahren entschied die Stimmenmehrheit über die Besetzung der Abgeordnetensitze. Die Minderheit blieb unvertreten, auch wenn sie noch so groß war. Das Verhältniswahlverfahren strebt nun danach, allen Teilen der Wählerschaft, auch den Minderheiten einen Anteil an der Volksvertretung zu gewährleisten und zwar entsprechend ihrem zahlenmäßigen Verhältnis zur Mehrheit. Wenn z. B. in einem Gebiet von 10 Wahlkreisen 10 Abgeordnete zu wählen waren, und in sämtlichen zusammen 100 000 Stimmen abgegeben würden, so würde nach der Mehrheitswahl eine Partei, die in den 10 Wahlkreisen je 6000, zusammen also 60000 Stimmen aufbrächte, alle 10 Sitze besetzen, und die Minderheit völlig ausschließen. Wäre dagegen in den vereinigten 10 Wahlkreisen die Verhältniswahl eingeführt, so müßte sich die Mehrheitspartei mit 6 Sitzen begnügen und der Minderheit 4 Sitze für ihre 40000 Stimmen überlassen. Es leuchtet gewiß ohne weiteres ein, daß dies der Billigkeit weit mehr entspricht, als der vollständige Ausschluß der Minderheit vom Anteil an der Volksvertretung. Die Aufgabe des Verhältniswahlverfahrens scheint nach diesem Beispiel gar nicht schwierig zu sein. Sie ist es aber doch, weil nämlich die Wirklichkeit nie so schöne gerade Zahlen, wie in dem angeführten Beispiel, bei den Wahlen entstehen läßt, so daß die Berechnung gar nicht so einfach ist, wie die Abgeordnetensitze unter die beteiligten Parteien nach ihrer Stimmenzahl zu verteilen sind. Die Aufgabe ist die, das Verhältnis der Stimmenzahlen der Parteien zueinander und zur Gesamtzahl der abgegebenen Stimmen festzustellen und danach das Verhältnis der von den Parteien zu besetzenden Abgeordnetensitze zueinander und zu der Gesamtzahl der Abgeordnetensitze zu bemessen.

Die verhältnismäßige Verteilung mehrerer Abgeordnetensitze unter mehrere Parteien setzt nun vor allem voraus, daß Wahlkreise mit mehreren Abgeordneten gebildet werden. Mit dem bisherigen Verfahren, wonach für jeden einzelnen Abgeordneten ein eigener Wahlkreis gebildet wurde, muß daher gebrochen werden, und es müssen Wahlkreise mit mehreren Abgeordneten geschaffen werden. Es ist klar, daß, je größer diese Wahlkreise sind und je mehr Abgeordnetensitze also im einzelnen Wahlkreis zu verteilen sind, desto richtiger diese Verteilung werden kann; denn ein Verhältnis läßt sich richtiger und genauer in Zehnteln oder Zwölfteln, als in Dritteln oder Vierteln zum Ausdruck bringen.

Die erste Aufgabe des Verhältniswahlrechtes ist nun die, in solchen für die Wahl einer größeren Anzahl von Abgeordneten geschaffenen Wahlkreisen die Stimmabgabe möglichst einfach und praktisch zu gestalten. Um eine Stimmenzersplitterung, die die Feststellung des Wahlergebnisses zu sehr erschweren würde, zu vermeiden, bedient man sich zunächst der Vorschrift, daß vor der Wahl bestimmte Wahlvorschläge oder Vorschlaglisten bei der Wahlleitung einzureichen sind, woran die Wähler mehr oder weniger gebunden sind. Die Wahl kann dann entweder in der Weise gestaltet werden, daß jeder Wähler nur für einen der in dem Wahlkreis insgesamt zu wählenden Abgeordneten seine Stimme abgibt, oder in der Weise, daß er alle zu wählenden Abgeordneten wählt.

Wählt jeder einzelne Wähler nur eine Person, so muß dafür Fürsorge getroffen werden, daß die Stimme dann nicht verloren geht, wenn der Gewählte mehr Stimmen erhält, als er zur Wahl braucht, oder wenn er zu wenig Stimmen bekommt, also durchfällt. In diesen Fällen werden die überschüssigen Stimmen auf einen anderen Bewerber um einen Abgeordnetensitz in dem Wahlkreis übertragen. Entweder steht es dem Wähler frei, diesen anderen Bewerber neben dem von ihm zunächst Gewählten selbst zu benennen, oder die überschüssigen Stimmen werden ohne solche Benennung durch den Wähler auf die sämtlichen weiteren auf dem gleichen Wahlvorschlag enthaltenen Bewerber übertragen, die selbst für sich noch nicht genügend Stimmen für ihre Wahl aufgebracht haben. Man nennt dies Verfahren „einnamige Wahl“ oder „Einzelwahl“ mit „Stimmenübertragung“. In der Praxis gestaltet sich diese Stimmenübertragung so, daß die sämtlichen auf die Bewerber einer Liste gefallenen Stimmen zusammengezählt und für die Partei gemeinsam in die Wagschale geworfen werden, daß berechnet wird, wieviele der im Wahlkreis zu vergebenden Sitze die Partei nach dem Verhältnis dieser ihrer Stimmenzahl zur Gesamtzahl der abgegebenen Stimmen errungen hat, und daß endlich diese Abgeordnetensitze den Bewerbern auf der Parteiliste zugeteilt werden, die die höchste Stimmenzahl aufweisen oder in der Reihenfolge der Liste obenanstehen.

Die andere Art der Stimmabgabe wird die „mehrnamige Wahl" genannt, weil hiebei jeder Wähler nicht für einen einzelnen Bewerber, sondern für eine Mehrheit von solchen, soviel als auf den Wahlkreis entfallen, seine Stimme abzugeben hat. Diese Wahlart wird auch als „Listenwahl" bezeichnet, weil die zu wählenden Bewerber auf einer Liste verzeichnet sein müssen, die eine Partei oder Interessengruppe im voraus zur Erleichterung für die Stimmabgabe ihrer Wähler aufstellt. Man hat hiebei wohl zu unterscheiden zwischen „gebundenen" und „freien" Listen.

Bei gebundenen Listen kann der Wähler die aufgestellten Listen nur unverändert wählen. Er darf daran nichts ändern, streichen oder zusetzen. Änderungen machen entweder die Abstimmung ungültig oder die Änderungen bleiben unberücksichtigt und die Liste gilt als unverändert gewählt. Auch die Reihenfolge der Bewerber auf der Liste und damit auch ihre Reihenfolge bei der Besetzung der der Liste zufallenden Sitze ist meist durch die von den Einreichern der Liste festgestellte Reihenfolge im voraus ohne weiteres bestimmt. Derartige Listen sind allerdings bequem für die Ermittelung der Wahlergebnisse, beeinträchtigen aber die Wahlfreiheit des Wählers sehr empfindlich und bringen dessen Willen nicht einwandfrei zum Ausdruck.

Empfehlenswerter ist daher das System der „freien Listen". Bei diesen darf der Wähler an den Wahlvorschlägen entweder alle beliebigen, oder wenigstens bestimmte Änderungen vornehmen; er kann z. B. einzelne ihm nicht zusagende Bewerber auf der Liste streichen und dafür andere hinzusetzen, er kann manchmal auch statt für mehrere Bewerber für einen Bewerber mehrfach stimmen. Die weitere Darlegung dieser Einzelheiten würde indes hier zu weit führen. Bemerkenswert ist hiebei noch, daß für die Feststellung der zu Abgeordneten Gewählten unter den Bewerbern auf den Listen die Höhe der Stimmenzahl der einzelnen Bewerber, nicht wie meistens bei den gebundenen Listen, ihre Reihenfolge auf dem Wahlvorschlag maßgebend ist. Naturgemäß birgt dieses Verfahren erhebliche Schwierigkeiten für die Ermittlung des Wahlergebnisses in sich; denn es genügt hiebei nicht, wie bei den gebundenen Listen, festzustellen, wieviele Stimmen im ganzen auf eine Liste entfallen sind, sondern es muß im einzelnen ermittelt werden, wieviele Stimmen jeder einzelne auf den verschiedenen Wahlvorschlägen enthaltene Bewerber auf sich vereinigt hat. Doch besteht kein Zweifel, daß das Verfahren den Willen der Wähler viel deutlicher offenbart, als das System der gebundenen Listen.

Damit sind die Hauptarten der Verhältniswahlsysteme kurz besprochen. Ein neuerdings viel empfohlenes und angewendetes Mittel zur weiteren Verbesserung der Verhältniswahl sei noch kurz erwähnt, nämlich die Einführung der „L i s t e n v e r b i n d u n g". Sie besteht darin, daß kleinere Wählergruppen, die für sich allein wenig oder keine Aussicht haben, einen Bewerber durchzubringen, weil sie die hiezu nötige Stimmenzahl nicht aufbringen können, an größere Wählergruppen oder an mehrere kleinere Wählergruppen sich anschließen, wobei sämtliche beteiligte Gruppen erklären, daß ihre Wahlvorschläge zwar für die Stimmabgabe noch völlig selbständig sein, bei Ermittlung des Wahlergebnisses aber als vereinigt behandelt werden sollen.

Dadurch kann es ihnen dann gelingen, vereint das zu erreichen, was sie allein nicht hätten erreichen können, nämlich so stark zu werden, daß auf sie ein Sitz oder ein weiterer Sitz entfällt. Diese gemeinsame Eroberung wird dann der stärkeren von den verbundenen Listen zugeteilt. Ein Beispiel hiefür siehe Seite 61.

Mehrfach mußte schon auf die Art der Feststellung des Wahlergebnisses Bezug genommen werden. Die richtige Art dieser Feststellung ausfindig zu machen, also den richtigen Weg zur Ausmittelung des Verhältnisses zu finden, in welchem die Parteien nach ihrer bei der Wahl erlangten Stimmenzahl Anspruch auf die Beteiligung an den zu verteilenden Abgeordnetensitzen haben, ist die zweite wichtige Aufgabe des Verhältniswahlverfahrens. Auch hiefür gibt es wieder verschiedene Wege. Sie wollen alle zunächst feststellen, welche Stimmenzahl einen Wahlvorschlag zur Besetzung eines Abgeordnetensitzes berechtigt. Diese Stimmenzahl wird der Wahlquotient, die Wahlzahl oder Verteilungszahl genannt. Um sie richtig festzustellen, genügt es nicht etwa, die Zahl der insgesamt abgegebenen Stimmen durch die Zahl der zu vergebenden Sitze zu teilen. Wenn z. B. in einem Wahlkreis für 10 Abgeordnete 66 000 Stimmen abgegeben wurden, die sich auf die Partei A mit 30 000, B mit 15 000 und C mit 11 000 Stimmen verteilen, so entfällt nicht etwa auf 66 000:10, also auf je 6600 Stimmen ein Abgeordneter, wie folgende Probe ohne weiteres beweist. Würden nämlich die Stimmenzahlen von A, B und C durch 6600 geteilt, so ergäbe sich für A der Anspruch auf 4 Sitze, für B auf 3 Sitze und für C 1 Sitz. Verteilt wären also nur 8 Sitze, 2 Sitze blieben unbesetzt. Daraus folgt, daß 6600 als Verteilungszahl zu groß ist, und daß diese kleiner, demnach der Teiler, durch den die Stimmenzahl zu teilen ist, größer genommen werden muß. Die Verhältniswahltechnik teilt daher statt nur mit der Zahl der Sitze immer mit der um 1 vergrößerten Zahl der Sitze, damit eine kleinere Verteilungszahl sich ergibt. Wird in dem obigen Beispiel die Stimmenzahl von 66 000 statt mit 10 mit 11 geteilt, so ergibt sich als Verteilungszahl 6000 und für A ein Anspruch auf 30 000 : 6000 = 5 Sitze, für B auf 25 000 : 6000 = 4 und für C auf 11 000 : 6000 = 1 Sitz, womit alle verfügbaren Sitze verteilt sind. Dieses Verfahren wurde von dem Professor Hagenbach-Bischoff in Basel ausgebildet und wird auch nach ihm benannt. Es stellt namentlich, wenn in einem Wahlkreis eine große Anzahl von Sitzen zu verteilen ist (z. B. in Bayern, wo in einem Wahlkreis für die bayerische Landtagswahl 163 Abgeordnete zu wählen sind, das einfachste und sicherste Verfahren dar.

Ein anderes Verfahren ist das des belgischen Professors Viktor d'Hondt, das auf anderm Wege zu dem gleichen Ergebnis wie das eben besprochene Verfahren führt. Es muß deshalb etwas eingehender behandelt werden, weil nach diesem Verfahren die Ergebnisse der Wahlen zur deutschen Nationalversammlung festgestellt werden (vgl. § 51 der deutschen Wahlordnung vom 30. November 1918). Es geht von dem Grundgedanken aus, daß keine Wählergruppe einen Sitz erhalten soll, solange eine andere Gruppe mit größerer Stimmenzahl für diese noch kein Mandat erhalten hat. Ein einfaches Beispiel mag diesen Grundgedanken erläutern. Wenn unter 3 Gruppen A, B, C mit 30 000, 12 000 und 8000 Stimmen 6 Sitze zu verteilen sind, erhält zunächst die Partei mit der höchsten Stimmenzahl, also A einen Sitz, also einen auf 30 000 Stimmen. Sie kann diesen ersten Sitz ohne weiteres erhalten, da keine Partei mit höherer Stimmenzahl vorhanden ist. Erhielte dann aber die Partei B mit ihren 12 000 Stimmen den nächsten Sitz, so wäre die Partei A zurückgesetzt, weil bei ihr bei

Zuteilung von 2 Sitzen auf jeden noch 15000 Stimmen treffen würden. Partei B muß also zunächst noch hinter A zurückstehen und diese erhält den 2. Sitz. Den 3. Sitz kann dagegen A nicht mehr bekommen, weil dann bei ihr (bei 30000 Stimmen und 3 Sitzen) nur 10000 Stimmen auf einen Sitz kämen, während Partei B für ihren 1. Abgeordneten 12000 Stimmen aufweisen kann. Wenn B dann weiter gleich noch einen weiteren Abgeordneten bekäme, träfen bei ihr nur 6000 Stimmen auf jeden der beiden Abgeordneten. Daher muß zunächst erst wieder Partei A zum Zug kommen, weil bei ihr mit dem 3. Abgeordneten dann je 10000 Stimmen auf einen Sitz treffen. Für den 5. Sitz kommt dann Partei C mit 8000 Stimmen für ihren 1. Abgeordneten in Betracht, und der letzte Sitz fiele schließlich wieder der Partei A zu, weil sie für 4 Sitze je 7500 Stimmen aufbringt, während B und C bei Zuteilung eines zweiten Abgeordneten nur je 6000 und 4000 Stimmen für die beiden Sitze aufzuweisen hätten. Werden diese Erwägungen zahlenmäßig dargestellt, so nimmt sich dies folgendermaßen aus:

A	B	C
30000 (Sitz 1)	12000 (Sitz 3)	8000 (Sitz 5)
15000 (Sitz 2)	6000	4000
10000 (Sitz 4)		
7500 (Sitz 6)		

Betrachtet man die Zahlenreihen, so ergibt sich, daß die oberste Reihe der ungeteilten Zahl der wirklichen Stimmen entspricht, während die zweitoberste Reihe diese Zahlen, geteilt durch 2, die 3. Zahlenreihe die Zahlen geteilt durch 3, die 4. Zahlenreihe die Zahlen geteilt durch 4 darstellt. So erklärt sich die für Nichteingeweihte sonst wohl überraschende Bestimmung in § 51 der Wahlordnung für die deutsche Nationalversammlung. Die Stimmenzahl, auf welche der letzte Abgeordnete, in dem Beispiel also der 6., trifft, stellt die Verteilungszahl dar, welche zur Besetzung je eines Sitzes berechtigt; bei der Verteilungszahl 7500 treffen auf Partei A bei 30000 Stimmen 4, auf Partei B bei 12000 Stimmen 1 und auf Partei C bei 8000 Stimmen gleichfalls 1 Abgeordneter. Da bei diesem Verfahren nur die höchste noch nicht bedachte Zahl zur Besetzung eines Abgeordnetensitzes berechtigt, wird dieses Verfahren auch das System der „Höchstzahlen" genannt. Es ist zuzugeben, daß dieses Verfahren da, wo keine zu große Zahl von Abgeordneten zu wählen ist, eine einfache und sichere Verteilung ermöglicht. Daher ist seine Anwendung für die Wahl zur deutschen Nationalversammlung, bei der in einem Wahlkreis nur zwischen 6 und 17 Abgeordneten zu wählen sind, durchaus am Platze. Anders dagegen bei Wahlen, bei denen eine größere Zahl von Sitzen zu vergeben ist, wie z. B. auch bei der Wahl zum neuen bayerischen Landtag, bei der in einem Wahlkreis nicht weniger als 163 Sitze zu besetzen sind. Denn die Herstellung der Zahlenreihe, die erforderlich wäre, um daraus 163 Höchstzahlen zu entnehmen, würde ein derart unübersichtliches Bild ergeben, daß in einem solchen Fall das Hagenbach-Bischoff'sche Verfahren unbedingt vorzuziehen ist.

Ist nun auf die eine oder andere der eben näher geschilderten Weisen festgestellt, wie viele Sitze auf jeden der an der Wahl beteiligten Wahlvorschläge entfallen, so kommt noch die weitere Aufgabe, zu ermitteln, welche einzelnen auf den Wahlvorschlägen enthaltenen Personen gewählt sind. Bei der einnamigen Wahl geschieht dies meist in der Weise, daß diejenigen Bewerber, die die meisten Stimmen auf sich vereinigt haben, der Reihenfolge ihrer Stimmenzahl nach als gewählt gelten, ebenso auch bei der Wahl mit freien Listen. Abweichungen von diesem Grundsatze müssen hier außer Betracht bleiben. Bei der Wahl mit gebundenen Listen dagegen, bei der nicht so sehr für den einzelnen Bewerber, als für die Parteiliste abgestimmt wird, entscheidet die auf der Liste festgestellte Reihenfolge der Bewerber. Während das erstere Verfahren den Willen der Wähler entsprechend zum Ausdruck bringt, kommt dagegen bei dem zweiten Verfahren eigentlich nur der Wille der Parteileitung zum Ausdruck, dem sich die Wähler zu unterwerfen haben.

II.

Die Bestimmungen über die Wahl zur verfassunggebenden deutschen Nationalversammlung.

1. Verordnung über die Wahlen zur verfassunggebenden deutschen Nationalversammlung. (Reichswahlgesetz).

Vom 30. November 1918.

(Reichsgesetzblatt Seite 1345 ff.)

Für die Wahlen zur verfassunggebenden deutschen Nationalversammlung wird folgendes angeordnet:

§ 1.

Die Mitglieder der verfassunggebenden deutschen Nationalversammlung werden in allgemeinen, unmittelbaren und geheimen Wahlen nach den Grundsätzen der Verhältniswahl gewählt.

Jeder Wähler hat eine Stimme.

Zu Abs. 2. Jeder Wähler hat zwar nur eine Stimme. Diese erstreckt sich aber auf sämtliche, in seinem Wahlkreis zu wählende Abgeordnete. Er gibt also seine Stimme nicht nur für einen Bewerber, sondern je nach der für seinen Wahlkreis bei der Wahlkreiseinteilung getroffenen Bestimmung für 6—17 Bewerber ab.

§ 2.

Wahlberechtigt sind alle deutschen Männer und Frauen, die am Wahltag das 20. Lebensjahr vollendet haben.

Am Wahltag. Die Wahlberechtigung beginnt mit dem Anfang des Tages, an dem das 20. Lebensjahr vollendet wird. Wahlberechtigt ist also, wer am 16. Februar 1899 oder früher geboren ist.

Frauen (selbstverständlich nicht nur verheiratete Frauen). Sie können alle im Vollzug des Wahlgeschäftes anfallenden Ämter bekleiden.

§ 3.

Die Personen des Soldatenstandes sind berechtigt, an der Wahl teilzunehmen. Die Teilnahme an politischen Vereinen und Versammlungen ist ihnen gestattet.

Bisher waren aktive Angehörige des Soldatenstandes nicht wahlberechtigt. Diese Ausnahmebestimmung ist beseitigt.

§ 4.

Ausgeschlossen vom Wahlrecht ist,

1. **wer entmündigt ist oder unter vorläufiger Vormundschaft steht,**
2. **wer infolge eines rechtskräftigen Urteils der bürgerlichen Ehrenrechte ermangelt.**

Die früher bestandenen weiteren Wahlausschließungsgründe (Konkursverfahren und Armenunterstützung) hindern die Ausübung des Wahlrechtes nicht mehr.

Personen, die nach § 4 vom Wahlrechte ausgeschlossen sind, sind in die Wählerliste nur dann aufzunehmen, wenn Aussicht besteht, daß der Wahlausschließungsgrund bis zur Wahl beseitigt wird. Dann ist in der Spalte 9 der Wählerliste eine Bemerkung über den zeitigen Ausschließungsgrund und ebenso über seine etwaige Beseitigung einzutragen.

Unter vorläufiger Vormundschaft siehe § 1906 BGB.

§ 5.

Wählbar sind alle Wahlberechtigten, die am Wahltag seit mindestens einem Jahre Deutsche sind.

§ 6.

Die Wahlkreiseinteilung und die Zahl der Abgeordneten, die in den einzelnen Wahlkreisen zu wählen sind, ergeben sich aus der Anlage.

Sie beruht auf dem Grundsatz, daß auf durchschnittlich 150000 Einwohner nach der Volkszählung vom 1. Dezember 1910 ein Abgeordneter entfällt und dort, wo Landes- oder Verwaltungsbezirksgrenzen bei der Wahlkreiseinteilung berücksichtigt werden müssen, ein Überschuß von mindestens 75000 Einwohnern vollen 150000 gleichgerechnet wird.

§ 7.

Jeder Wahlkreis wird in Stimmbezirke geteilt, die möglichst mit den Gemeinden zusammenfallen. Große Gemeinden können in mehrere Stimmbezirke zerlegt, kleine mit benachbarten zu einem Stimmbezirke vereinigt werden.

Vgl. §§ 9 und 10 der Wahlordnung.

§ 8.

Für jeden Wahlkreis wird ein Wahlkommissar, für jeden Stimmbezirk ein Wahlvorsteher und ein Stellvertreter für ihn von der nach der Wahlordnung (§ 22) zuständigen Behörde ernannt.

Der Wahlvorsteher ernennt aus den Wahlberechtigten des Stimmbezirkes drei bis sechs Beisitzer und einen Schriftführer.

Wahlvorsteher, Beisitzer und Schriftführer bilden den Wahlvorstand.

Vgl. §§ 10 und 11 der WO.[1])

Der Wahlvorsteher und sein Vertreter braucht nicht in dem Stimmbezirk wahlberechtigt zu sein. Die früher im Reichstagswahlgesetz enthaltene Bestimmung, daß Wahlvorsteher, Beisitzer und Protokollführer nur Personen sein können, die kein unmittelbares Staatsamt bekleiden, ist weggefallen. Auch Beamte können also jetzt Wahlvorsteher, Beisitzer und Schriftführer sein.

§ 9.

Für jeden Stimmbezirk wird eine Wählerliste angelegt, in welche die dort wohnhaften Wahlberechtigten eingetragen werden.

Die Wählerlisten sind spätestens vier Wochen vor dem Wahltag auf die Dauer von acht Tagen zu jedermanns Einsicht auszulegen. Ort und Zeit werden vorher unter Hinweis auf die Einspruchsfrist öffentlich bekanntgegeben.

Einsprüche gegen die Wählerlisten sind bis zum Ablauf der Auslegungsfrist bei der Gemeindeverwaltungsbehörde anzubringen und innerhalb der nächsten vierzehn Tage zu erledigen. Hierauf werden die Listen geschlossen.

Über die nachträgliche Aufnahme von Angehörigen des Heeres und der Marine, die im Januar oder Februar 1919 aus dem Felde heimkehren, ergeht eine besondere Verordnung.

Für den Fall, daß sich am Wahltag noch größere geschlossene Truppenverbände außerhalb des Reichs befinden, bleibt der Erlaß einer be-

---

[1]) WO. = Wahlordnung.

sonderen Verordnung vorbehalten, wonach die Angehörigen dieser Truppenverbände nach ihrer Rückkehr, gegebenenfalls zugleich mit den Kriegsgefangenen, die erst nach dem Wahltag zurückkehren, in einer besonderen Nachwahl Abgeordnete zur verfassunggebenden deutschen Nationalversammlung wählen.

Abs. 1. Über die Anlage der Wählerlisten siehe §§ 1 und 2 der WO. Ob jemand in einem Stimmbezirk wohnhaft ist, kann nur von Fall zu Fall entschieden werden. Es ist hiezu erforderlich, daß sich der Wahlberechtigte an dem Orte niedergelassen hat, mit der Absicht längeren Verweilens daselbst. Militärpersonen sind am Standort ihres Truppenteiles in die Wählerliste einzutragen.

Zu Abs. 2 vgl. § 3 der WO.

Zu Abs. 3 vgl. §§ 4 und 5 der WO. Die Folge des Abschlusses der Listen gibt § 6 der WO. an. Die Neuaufnahmen Wahlberechtigter in die Wählerliste nach Ablauf der Einspruchfrist sind nur in dem in § 6 angegebenen Umfang noch zulässig. Etwa sich ergebende Unrichtigkeiten vorhandener Einträge aber müssen auch dann noch berichtigt werden. Da im Laufe der nächsten Zeit wohl vielfach zum Zwecke des Aufsuchens von Arbeitsgelegenheit Wohnsitzwechsel stattfinden werden, trifft § 6 Abs. 2 der WO. eine besondere Vorkehrung für den Fall, daß der Wohnsitz zwischen dem Ende der Einspruchfrist und dem Wahltag gewechselt wird. Über den Abschluß und die weitere Behandlung der Wählerliste siehe § 7 der WO.

§ 10.

Das Wahlrecht kann nur in dem Stimmbezirk ausgeübt werden, wo der Wahlberechtigte in die Wählerliste eingetragen ist.

Jeder darf nur an einem Orte wählen.

§ 11.

Beim Wahlkommissar sind spätestens am 21. Tage vor dem Wahltag Wahlvorschläge einzureichen.

Die Wahlvorschläge müssen von mindestens 100 im Wahlkreis zur Ausübung der Wahl berechtigten Personen unterzeichnet sein. Sie dürfen nicht mehr Namen enthalten, als Abgeordnete im Wahlkreis zu wählen sind.

Von jedem vorgeschlagenen Bewerber ist eine Erklärung über seine Zustimmung zur Aufnahme in den Wahlvorschlag anzuschließen.

In demselben Wahlkreis darf ein Bewerber nur einmal vorgeschlagen werden.

Über die Bedeutung der Wahlvorschläge siehe S. 9. Die Einreichung der Wahlvorschläge ist zulässig, sobald der Wahlkommissär ernannt ist (§§ 12 und 13 WO.).

Über den Inhalt der Wahlvorschläge siehe auch §§ 14, 15, 16 der WO. Sie müssen enthalten

1. Die Namen der Bewerber (§ 14 der WO.). Ihre Zustimmungserklärung zur Aufnahme in den Wahlvorschlag ist beizufügen. Daß diese einer besonderen Form bedürfen, ist weder aus § 11 Abs. 3 des Gesetzes, noch aus § 15 Abs. 2 der WO. zu entnehmen. Die Zustimmungserklärung soll spätere Wahlablehnungen tunlichst verhindern; doch ist kein Bewerber hiedurch zur Annahme der Wahl verpflichtet. Die Wahlvorschläge dürfen nicht mehr Namen enthalten, als Abgeordnete in dem Wahlkreis zu wählen sind. Dies kann zu Unzuträglichkeiten führen, wenn in einem kleineren Wahlkreis alle Abgeordnetensitze einer Partei zufallen, ein Bewerber aber etwa schon vor dem Wahltag gestorben ist. Jeder Bewerber darf auf einer Liste nur einmal vorgeschlagen werden (§ 11 Abs. 4). Die „Häufung" von Stimmen auf einen Bewerber ist also

nicht zulässig, bei gebundenen Listen übrigens auch nicht notwendig, weil etwaige böswillige Änderungen an den Vorschlägen, in der Absicht einem Bewerber zu schaden, ohnedies ohne Bedeutung sind. Einwirkungsversuche der Gegner sind also nicht möglich. Es ist auch nicht zulässig, daß ein Bewerber auf verschiedene Wahlvorschläge in einem Wahlkreis gesetzt wird (vgl. §§ 17 Abs. 2 und 24 Abs. 2 der WO.).

2. 100 Unterschriften der Personen, die den Wahlvorschlag machen. Sie müssen in dem Wahlkreis wahlberechtigt sein und hierüber eine Bescheinigung der Gemeindebehörde dem Wahlvorschlag beifügen. Eine Person darf nur einen Wahlvorschlag unterzeichnen (§ 19 der WO.). Durch das Verlangen der Unterschriften soll die Ernsthaftigkeit der Wahlvorschläge außer Zweifel gestellt werden.

3. Die Angabe eines Vertrauensmannes der Unterzeichner, der sie dem Wahlkommissar gegenüber vertritt (§ 16 der WO.).

Der Wahlvorschlag wird nach dem ersten Unterzeichner benannt (§ 27 der WO.).

§ 12.

Mehrere Wahlvorschläge können miteinander verbunden werden.

Die Verbindung muß von den Unterzeichnern der betreffenden Wahlvorschläge oder ihren Bevollmächtigten übereinstimmend spätestens am 7. Tage vor dem Wahltag beim Wahlkommissar schriftlich erklärt werden.

Verbundene Wahlvorschläge können nur gemeinschaftlich zurückgenommen werden.

Die verbundenen Wahlvorschläge gelten den andern Wahlvorschlägen gegenüber als ein Wahlvorschlag.

über Zweck und Bedeutung der „Verbindung" von Wahlvorschlägen siehe Einleitung S. 11.

Abs. 2 bestimmt, wie die Verbindung zustande kommt, Abs. 3 und 4, welche Wirkungen die Verbindungserklärung hat. Nach § 20 der WO. darf ein Wahlvorschlag immer nur mit einer Gruppe von Wahlvorschlägen verbunden werden.

§ 13.

Für die Prüfung der Wahlvorschläge und ihrer Verbindung wird für jeden Wahlkreis ein Wahlausschuß gebildet, der aus dem Wahlkommissar als Vorsitzenden und vier Beisitzern besteht.

Der Wahlausschuß faßt seine Beschlüsse mit Stimmenmehrheit.

Nach der öffentlichen Bekanntgabe der zugelassenen Wahlvorschläge können diese nicht mehr zurückgenommen und ihre Verbindung kann nicht mehr aufgehoben werden.

Sobald die Wahlvorschläge bei dem Wahlkommissar eingereicht sind, hat er sie daraufhin zu prüfen, ob sie allen Anforderungen des Gesetzes und der WO. entsprechen und nötigenfalls ihre Ergänzung und Berichtigung zu veranlassen (vgl. §§ 17—19 der WO.).

Zur endgültigen beschlußmäßigen Entscheidung über die Wahlvorschläge ist dem Wahlkommissar ein Wahlausschuß beigegeben. Über seine Bildung siehe § 22 der WO. Er entscheidet auch über Beschwerden gegen Verfügungen des Wahlkommissars (§ 21 der WO.). Er tritt erst nach Ablauf der Frist für die Beseitigung von Mängeln zusammen und zwar in öffentlicher Sitzung (§ 23 der WO.).

Abs. 3. Über die öffentliche Bekanntmachung der zugelassenen Wahlvorschläge siehe § 28 der WO. Von da an können die Wahlvorschläge auch nicht mehr zurückgenommen und Verbindungen nicht mehr aufgehoben werden. Der Wähler kann sich also unbedingt darauf verlassen, daß, was öffentlich bekannt gegeben ist, unverändert bleibt. Die Frist für Berichtigungen und Ergänzungen ist schon vorher abgelaufen (§ 18 der WO.).

§ 14.

Die Stimmzettel sind außerhalb des Wahlraums mit den Namen der Bewerber, denen der Wähler seine Stimme geben will, handschriftlich oder im Wege der Vervielfältigung zu versehen.

Die Namen auf den einzelnen Stimmzetteln dürfen nur einem einzigen der öffentlich bekanntgegebenen Wahlvorschläge entnommen sein.

Wegen der Beschaffenheit der Stimmzettel vgl. § 34 der WO. Im Wahlraum dürfen Stimmzettel weder aufgelegt, noch verteilt werden. Den Inhalt eines Stimmzettels bilden die Namen der auf einem öffentlich bekannt gegebenen Wahlvorschlag enthaltenen Bewerber. Wenn ein Wähler Namen aus mehreren Wahlvorschlägen auf seinen Zettel schreibt, ist der Zettel ungültig (§ 42 Ziff. 7 der WO.), ebenso wenn er ausschließlich Personen wählt, die nicht auf öffentlich bekannt gegebenen Wahlvorschlägen bezeichnet sind (§ 42 Ziff. 8 der WO.). Anders wenn er neben den auf einem Wahlvorschlag enthaltenen Namen auch noch solche Namen einträgt, die nicht auf einem Wahlvorschlag stehen. Dann ist der Zettel gültig, die Stimmen für den letztgenannten Namen sind aber bedeutungslos. Die Eintragung solcher Namen schadet also zwar der Gültigkeit des Zettels nicht, kommt aber auch diesen Personen nicht zugute. Der Zettel gilt vielmehr nur als Stimme für den Wahlvorschlag, vorausgesetzt nur, daß sich aus dem Zettel überhaupt erkennen läßt, für welchen Wahlvorschlag der Wähler eintreten will (vgl. § 42 Abs. 3 der WO.).

§ 15.

Die Wahlhandlung und die Ermittlung des Wahlergebnisses sind öffentlich.

Vgl. §§ 23, 36 und 49 Abs. 3 der WO.

§ 16.

Gewählt wird mit verdeckten Stimmzetteln. Abwesende können sich weder vertreten lassen, noch sonst an der Wahl teilnehmen.

„Verdeckte“ Stimmzettel, d. h. die Stimmzettel sind, wie bisher, in Wahlumschlägen abzugeben. § 34 Abs. 1 der WO. bestimmt über die Beschaffenheit sowohl der Stimmzettel, wie der Wahlumschläge. Über die Art der Stimmabgabe treffen §§ 37 und 38 der WO. nähere Bestimmung.

Zu Satz 2. Über eine zulässige Unterstützung körperlich Gebrechlicher siehe § 37 Abs. 3 der WO.

§ 17.

Über die Gültigkeit der Stimmzettel entscheidet vorbehaltlich der Nachprüfung im Wahlprüfungsverfahren der Wahlvorstand mit Stimmenmehrheit. Bei Stimmengleichheit gibt der Wahlvorsteher den Ausschlag.

Die ungültigen Stimmzettel sind dem Wahlprotokoll beizufügen. Die gültigen verwahrt der Wahlvorsteher so lange versiegelt, bis die Wahl für gültig erklärt worden ist.

Über die Gründe, aus denen Stimmzettel ungültig sind, siehe § 42 der WO. Vgl. auch oben die Bemerkung zu § 14.

Zu Abs. 2 siehe §§ 44 und 45 der WO.

Über die weiteren Feststellungen des Wahlvorstandes und das Verfahren hiebei siehe §§ 43—47 der WO.

§ 18.

Behufs Ermittlung des Wahlergebnisses ist vom Wahlausschusse (§ 13 Abs. 1) festzustellen, wieviel gültige Stimmen abgegeben und wie viele hiervon auf jeden Wahlvorschlag und auf die verbundenen Wahlvorschläge gemeinschaftlich entfallen sind.

Unter den festzustellenden „gültigen Stimmen" sind nicht die für die einzelnen Bewerber, sondern nur die auf die ganzen Wahlvorschläge abgegebenen Stimmen zu verstehen (siehe § 42 Abs. 3 der WO.). Die gültigen Stimmzettel sind ohne Rücksicht auf ihre Vollständigkeit und die Reihenfolge der Benennungen den einzelnen Wahlvorschlägen zuzurechnen. Jeder Stimmzettel wird dem Wahlvorschlag zugerechnet, dem er erkennbar angehört, ohne daß etwaige Änderungen an dem Zettel berücksichtigt werden, sofern nur überhaupt die Zugehörigkeit zu einem bestimmten Wahlvorschlag noch erkennbar ist. Das Reichsrecht hat hiemit das Verfahren der „gebundenen Listen" angenommen (siehe Einleitung Seite 10). Der Wähler kann also an dem Wahlvorschlag zwar Änderungen vornehmen. Sie sind aber bedeutungslos, solange sie nicht so erheblich sind, daß der Zettel damit als für einen anderen Wahlvorschlag abgegeben zu beurteilen, oder daß überhaupt nicht mehr zu erkennen ist, welchem Wahlvorschlag der Wähler sich anschließen wollte. In diesem letzteren Fall ist die Stimme ungültig. Das Reichsrecht hat damit sich auf den Standpunkt gestellt, den der Reichstag bei Beratung des Gesetzes vom 24. August 1918 eingenommen hat. Die Regierung hatte damals ein Verfahren mit freien Listen vorgeschlagen, das der Reichstag aber nicht billigte.

Der Wahlausschuß hat nur festzustellen, wie viel gültige Stimmen im ganzen Wahlkreis abgegeben worden sind und wie viele jedem einzelnen Wahlvorschlag für sich und den verbundenen Wahlvorschlägen zusammen zukommen. Die den einzelnen Bewerbern zugefallenen Stimmen werden dagegen überhaupt nicht festgestellt. Über Ort und Zeit der Ermittelung des Wahlergebnisses und das Verfahren hiebei siehe §§ 49 bis 53 der WO.

§ 19.

Die Abgeordnetensitze werden auf die Wahlvorschläge nach dem Verhältnis der ihnen nach § 18 zustehenden Stimmen verteilt. Die Berechnungsweise wird in der Wahlordnung (§ 22) geregelt.

Wenn die Zahl der für die einzelnen und verbundenen Wahlvorschläge abgegebenen Stimmen nach § 18 festgestellt ist, werden ihnen die Sitze, auf die sie nach ihrer Stimmenzahl gemäß § 51 der WO. Anspruch haben, zugeteilt. Das hierbei anzuwendende Verfahren ist das von dem Belgier d'Hondt erfundene, das oben auf Seite 13 bereits näher besprochen worden ist. Vgl. auch das dort abgedruckte Beispiel. Die durch die Teilung der Stimmenzahlen der Wahlvorschläge zu bildende Zahlenreihe muß solange weitergeführt werden, bis so viel Höchstzahlen gefunden sind, als Sitze zu vergeben sind. Hinsichtlich der Behandlung verbundener Wahlvorschläge vgl. § 52 der WO. und das daselbst abgedruckte Beispiel.

§ 20.

Für die Verteilung der einem Wahlvorschlage zugeteilten Abgeordnetensitze unter die einzelnen Bewerber ist die Reihenfolge der Benennungen auf den Wahlvorschlägen maßgebend.

Da für die Wahl zur deutschen Nationalversammlung die Wahlvorschläge als „gebundene Listen" behandelt sind, ist es folgerichtig, daß in § 20 für die Verteilung der auf die Wahlvorschläge treffenden Abgeordnetensitze unter die auf dem Wahlvorschlag enthaltenen Bewerber deren Reihenfolge auf dem Wahlvorschlag als maßgebend bezeichnet ist. Wenn z. B. für einen Wahlvorschlag mit 12 Bewerbern nach § 51 der WO. sich 6 Sitze errechnen, sind die ersten sechs auf dem Wahlvorschlag verzeichneten Bewerber gewählt. Die Parteileitungen haben hienach durch die Aufstellung der Wahlvorschläge einen sehr bedeutenden Einfluß auf den Ausfall der Wahl, allerdings auch eine erhöhte Verantwortung gegenüber den Wählern.

§ 21.

Wenn ein Abgeordneter die Wahl ablehnt oder nachträglich aus der verfassunggebenden deutschen Nationalversammlung ausscheidet, tritt an seine Stelle ohne die Vornahme einer Ersatzwahl der Bewerber, der demselben Wahlvorschlag oder, wenn dieser erschöpft ist, einem mit ihm verbundenen Wahlvorschlag angehört und nach dem Grundsatz des § 20 hinter dem Abgeordneten an erster Stelle berufen erscheint.

Ist ein solcher Bewerber nicht vorhanden, so bleibt der Abgeordnetensitz unbesetzt.

Da gleichzeitig mehrere Abgeordnete gewählt werden und das ganze Wahlverfahren nur hierauf eingerichtet ist, ist im Falle des Ausscheidens eines Abgeordneten keine Nachwahl für einen Einzelnen möglich. Denn das Verhältniswahlverfahren läßt die Wahl eines Einzelnen nicht zu. Eine Ersatzwahl ist aber auch gar nicht nötig, weil an die Stelle des ausfallenden Abgeordneten ohne weiteres der nächstberechtigte Bewerber auf dem Wahlvorschlag des Ausfallenden eintreten kann.

Über das Verfahren siehe § 59 der Wahlordnung.

§ 22.

Das Wahlverfahren wird auf der Grundlage der gegenwärtigen Verordnung durch eine beson=

dere Wahlordnung näher geregelt, die der Staatssekretär des Innern erläßt.

§ 23.

Die Kosten für die Vordrucke zu den Wahlprotokollen und für die Ermittlung des Wahlergebnisses in den Wahlkreisen werden von den Bundesstaaten, alle übrigen Kosten des Wahlverfahrens von den Gemeinden getragen.

Die Bestimmungen über die Kosten entsprechen vollständig der bisher in § 16 des Reichstagswahlgesetzes getroffenen Regelung.

§ 24.

Die Wahlen zur verfassunggebenden deutschen Nationalversammlung finden Sonntag, den 16. Februar 1919, statt.

§ 25.

Beschließt die deutsche Nationalversammlung, daß Deutsch-Österreich seinem Wunsche entsprechend in das Deutsche Reich aufgenommen wird, so treten die deutsch-österreichischen Abgeordneten ihr als gleichberechtigte Mitglieder bei.

Voraussetzung für den Beitritt ist, daß die Abgeordneten auf Grund allgemeiner, gleicher, unmittelbarer und geheimer Wahlen unter Beteiligung auch der Frauen nach den Grundsätzen der Verhältniswahl gewählt werden. Die Zahl der Abgeordneten wird auf der Grundlage bestimmt, daß durchschnittlich auf 150000 Seelen ein Abgeordneter entfällt. Der Wahltag braucht mit dem deutschen Wahltag nicht zusammenzufallen.

§ 26.

Diese Verordnung hat Gesetzeskraft und tritt mit ihrer Verkündung in Kraft.

Berlin, den 30. November 1918.

Der Rat der Volksbeauftragten:

Ebert. Haase.

Der Staatssekretär des Innern:

Dr. **Preuß.**

Anlage

Nr.	Je 1 Wahlkreis bilden	Nach der Volkszählung vom 1. Dezbr. 1910 mit Einwohnern
1	die Provinz Ostpreußen	2 064 175
2	die Provinz Westpreußen	1 703 474
3	die Stadt Berlin	2 071 257
4	die Reichstagswahlkreise Potsdam 1—9, soweit sie zum Regierungsbezirke Potsdam gehören	1 544 851
5	der Reichstagswahlkreis Potsdam 10, soweit er zum Regierungsbezirke Potsdam gehört	1 314 576
6	der Regierungsbezirk Frankfurt a. O.	1 233 189
7	die Provinz Pommern	1 716 921
8	die Provinz Posen	2 099 831
9	der Regierungsbezirk Breslau	1 841 398
10	der Regierungsbezirk Oppeln	2 207 981
11	der Regierungsbezirk Liegnitz	1 176 583
12	der Regierungsbezirk Magdeburg und Anhalt	1 580 118
13	der Regierungsbezirk Merseburg	1 309 510
14	die Provinz Schleswig-Holstein und das zu Oldenburg gehörige Fürstentum Lübeck	1 662 304
15	die Regierungsbezirke Aurich und Osnabrück sowie Oldenburg ohne die Fürstentümer Birkenfeld und Lübeck	1 041 810

Nr.	Je 1 Wahlkreis bilden	Nach der Volkszählung vom 1. Dezbr. 1910 mit Einwohnern	In dem Wahlkreis sind an Abgeordneten zu wählen
16	die Regierungsbezirke Hannover, Hildesheim und Lüneburg sowie Braunschweig	2 356 856	16
17	die Regierungsbezirke Münster und Minden, der zur Provinz Hessen-Nassau gehörige Kreis Schaumburg sowie die beiden Lippe	1 971 486	13
18	der Regierungsbezirk Arnsberg . . .	2 399 849	16
19	die Provinz Hessen-Nassau ohne die Kreise Schaumburg und Schmalkalden, ferner der Kreis Wetzlar vom Regierungsbezirk Coblenz sowie Waldeck	2 251 629	15
20	die Regierungsbezirke Cöln und Aachen	1 940 317	13
21	die Regierungsbezirke Coblenz und Trier, ohne den Kreis Wetzlar, ferner das zu Oldenburg gehörige Fürstentum Birkenfeld	1 750 819	12
22	die Reichstagswahlkreise Düsseldorf 1—5, soweit sie zum Regierungsbezirke Düsseldorf gehören	1 820 598	12
23	die Reichstagswahlkreise 6—12 des Regierungsbezirkes Düsseldorf . . .	1 597 790	11
24	die Regierungsbezirke Oberbayern und Schwaben	2 321 918	15
25	die Regierungsbezirke Niederbayern und Oberpfalz	1 324 615	9
26	die Regierungsbezirke Ober-, Mittel- und Unterfranken	2 303 673	15
27	der Regierungsbezirk Pfalz	937 085	6

Nr.	Je 1 Wahlkreis bilden	Nach der Volkszählung vom 1. Dezbr. 1910 mit Einwohnern
28	die sächsischen Reichstagswahlkreise 1—9	1 771 117
29	die sächsischen Reichstagswahlkreise 10—14	1 165 330
30	die sächsischen Reichstagswahlkreise 15—23	1 870 214
31	der Neckarkreis und der Jagstkreis*) .	1 297 538
32	der Schwarzwaldkreis und der Donaukreis*) sowie der Regierungsbezirk Sigmaringen	1 211 047
33	Baden	2 142 833
34	Hessen	1 282 051
35	Mecklenburg-Schwerin, Mecklenburg-Strelitz und Lübeck	862 999
36	die thüringischen Staaten Sachsen-Weimar, Sachsen-Meiningen, Sachsen-Altenburg, Sachsen-Coburg und Gotha, die beiden Schwarzburg und die beiden Reuß sowie der Regierungsbezirk Erfurt und der zur Provinz Hessen-Nassau gehörige Kreis Schmalkalden	2 160 692
37	Hamburg, Bremen und der Regierungsbezirk Stade	1 743 545
38	Elsaß-Lothringen	1 874 014
	Zusammen	

*) Durch Bekanntmachung vom 7. Dezember 1918 (Reichs S. 1403) sind die beiden württembergischen Wahlkreise zu eine kreis mit 17 Abgeordneten vereinigt worden.

2. Wahlordnung für die Wahlen zur verfassunggebenden deutschen Nationalversammlung.

Vom 30. November 1918.

(RGBl. S. 1353.)

Auf Grund des § 22 der Verordnung über die Wahlen zur verfassunggebenden deutschen Nationalversammlung (Reichswahlgesetz) vom 30. November 1918 (Reichs-Gesetzbl. S. 1345) wird folgende Wahlordnung erlassen:

§ 1.

Für jede Gemeinde (selbständigen Gutsbezirk und desgleichen) ist die Wählerliste nach dem in der Anlage A beigefügten Vordruck von dem Anl. A Gemeindevorstand (Ortsvorstand, Inhaber eines selbständigen Gutsbezirkes, Magistrat usw.) in zwei gleichlautenden Stücken aufzustellen.

In Gemeinden, die in mehrere Stimmbezirke zerfallen, werden die Wählerlisten für die einzelnen Bezirke besonders aufgestellt.

Nach § 7 des RWG.[1]) sollen Stimmbezirke und Gemeinde möglichst zusammenfallen. Wenn größere Ge-

---

[1]) RWG. = Reichswahlgesetz.

meinden in mehrere Stimmbezirke zerlegt werden, sind die Wählerlisten für die einzelnen Stimmbezirke eigens aufzustellen. Wenn kleinere Gemeinden mit anderen Gemeinden zu einem Stimmbezirk vereinigt werden, ist trotzdem für jede Gemeinde eine Wählerliste aufzustellen. Nach § 8 Abs. 2 der WO. haben die Wahlvorsteher solcher Stimmbezirke die ihnen aus den einzelnen Gemeinden zugehenden Wählerlisten zu einer Wählerliste zu vereinigen, am besten durch Zusammenheften (§ 8 Abs. 2 der WO.).

Die Arbeiten zur Herstellung der Wählerlisten sollen so gefördert werden, daß die Listen bis zum Ende des Jahres 1918 fertiggestellt sind.

§ 2.

In die Wählerliste sind alle Wahlberechtigten nach Zu- und Vornamen, Alter, Gewerbe und Wohnort in alphabetischer Ordnung einzutragen.

Es können nach Geschlechtern getrennte Wählerlisten angelegt werden.

In den Städten dürfen die Wählerlisten auch in der Art angelegt werden, daß die Straßen nach der alphabetischen Reihenfolge ihrer Namen, innerhalb der Straßen die Häuser nach ihrer Nummer und innerhalb jedes Hauses die Wahlberechtigten in alphabetischer Reihenfolge eingetragen werden.

Wer wahlberechtigt ist, ist aus §§ 2—4 des RWG. (Seite 18) zu ersehen.

Abs. 2. Wenn auch nach Geschlechtern getrennte Wählerlisten angelegt werden können, ist doch die Einrichtung von getrennten Wahlräumen für beide Geschlechter in einem Stimmbezirk, die zur rascheren Abwicklung der Wahl verschiedentlich vorgeschlagen wurde, für die Wahlen im Reich wohl nicht ohne weiteres zulässig, da nach § 8 des RWG. für jeden Stimmbezirk ein Wahlvorsteher zu ernennen, die Ernennung mehrerer Wahlvorsteher für getrennte Wahlräume eines Stimmbezirkes also nicht vorgesehen ist.

§ 3.

Der Tag, von dem ab die Wählerlisten auszulegen sind, wird vom Staatssekretär des Innern bestimmt.

Der Gemeindevorstand hat vor der Auslegung der Wählerlisten in ortsüblicher Weise bekanntzugeben, wo und wie lange die Wählerlisten zu jedermanns Einsicht ausgelegt werden, sowie in welcher Zeit und in welcher Weise Einsprüche gegen die Wählerlisten zu erheben sind.

Vgl. § 9 Abs. 2 und 3 des RWG.

§ 4.

Wer die Wählerliste für unrichtig oder unvollständig hält, kann dies bis zum Ablauf der Auslegungsfrist bei der Gemeindeverwaltungsbehörde oder einem von ihr ernannten Kommissar schriftlich anzeigen oder zu Protokoll geben. Soweit die Richtigkeit seiner Behauptungen nicht offenkundig ist, hat er für sie Beweismittel beizubringen.

Wenn der Einspruch nicht sofort für begründet erachtet wird, entscheidet über ihn die nach § 10 zuständige Behörde.

Die Entscheidung muß binnen vierzehn Tagen nach Ablauf der Auslegungsfrist erfolgt und den Beteiligten bekanntgegeben sein.

Vgl. § 9 Abs. 3 des RWG.

Einsprüche können nicht nur die Wahlberechtigten selbst einlegen, sondern „jedermann" (§ 9 Abs. 2 des RWG.).

§ 5.

Im Falle einer Berichtigung der Wählerliste sind die Gründe der Streichungen und Nachträge am Rande der Liste unter Angabe des Datums kurz zu vermerken. Etwaige Belege sind dem Hauptstück der Wählerliste beizuheften.

Ein Beispiel einer Berichtigung siehe auf S. 68.

§ 6.

Nach dem Ablauf der Auslegungsfrist können in die Wählerliste Wahlberechtigte nur in Erledigung rechtzeitig angebrachter Einsprüche aufgenommen werden.

Verlegt ein Wahlberechtigter nach diesem Zeitpunkt seinen Wohnsitz nach einem anderen Stimmbezirke, so ist er berechtigt, sich nach Löschung seines Namens in der Wählerliste seines bisherigen Stimmbezirkes auf Grund einer hierüber von der Gemeindebehörde auszustellenden Bescheinigung im Stimmbezirke seines neuen Wohnsitzes nachträglich in die Wählerliste aufnehmen zu lassen.

Wer in die Wählerliste nicht aufgenommen ist und die Einspruchsfrist versäumt hat, hat damit sein Wahlrecht eingebüßt. Die Gemeindebehörde ist nicht befugt, solche Personen nachträglich in die Liste aufzunehmen.

Abs. 2 gibt ein Mittel, um Wahlberechtigten, die erst nach dem Ablauf der Einspruchsfrist aus der Gemeinde, in der sie in die Wählerliste eingetragen sind, in eine andere Gemeinde verziehen, ihr Wahlrecht zu sichern. Sie können ihren Namen in der früheren Gemeinde in der Wählerliste streichen, hierüber eine Bestätigung ausstellen und in der neuen Wohnsitzgemeinde in die Wählerliste aufnehmen lassen.

Über die Behandlung von Militärpersonen, die erst 1919 aus dem Felde heimkehren, soll noch eine besondere Verordnung ergehen (§ 9 Abs. 4 des RWG.).

§ 7.

Die beiden gleichmäßig berichtigten Stücke der Wählerliste sind nach Ablauf der Frist des § 4 Abs. 3 vom Gemeindevorstand abzuschließen und zu unterschreiben.

Hierbei hat der Gemeindevorstand eine Bescheinigung darüber auszustellen, daß und wie lange die Wählerliste ausgelegen hat, sowie daß die Bekanntmachung hierüber und ebenso die im § 30 vorgeschriebenen ortsüblichen Bekanntmachungen erfolgt sind. Außerdem ist auf dem zweiten Stücke der Wählerliste amtlich zu bescheinigen, daß es mit dem Hauptstück völlig übereinstimmt.

Abs. 1. Der Abschluß der Wählerliste erfolgt 14 Tage nach Ablauf der Auslegungs- oder Einspruchsfrist.

§ 8.

Das Hauptstück der Wählerliste nebst den Belegen hat der Gemeindevorstand sorgfältig aufzubewahren, das zweite Stück dagegen dem Wahlvorsteher zur Benutzung bei der Wahl zu übersenden.

In Stimmbezirken, die aus mehr als einer Gemeinde bestehen, heften die Wahlvorsteher die ihnen aus den einzelnen Gemeinden zugehenden Wählerlisten zu einer Wählerliste zusammen.

§ 9.

Jeder Stimmbezirk soll durchschnittlich 2500, höchstens 3500 Einwohner nach der Volkszählung vom 1. Dezember 1910 umfassen.

Die zuständigen Behörden haben dem Wahlkommissar über die Abgrenzung der Stimmbezirke unverzüglich Anzeige zu erstatten.

Die Abgrenzung der Stimmbezirke ist, namentlich da die Wahl in die Winterzeit fällt, in der die Wähler vieler Gegenden weite Wege doppelt unangenehm empfinden, sehr wichtig, um allen Wahlberechtigten die Teilnahme an der Wahl ohne allzu große persönliche Opfer zu ermöglichen. Bei Zugrundlegung der Stimmbezirkeinteilung früherer Reichstagswahlen wird zu beachtem sein, daß sich das Verhältnis der Wählerzahl zur Einwohnerzahl sehr verändert hat. Nach dem bisherigen Reichstagswahlrecht sollten die Wahlbezirke höchstens 3500 Einwohner haben, und damit etwa 700 Wähler; jetzt hätte ein Wahlbezirk von gleicher Größe etwa 2000 Wähler, die bei elfstündiger Wahldauer vom gewandtesten Wahlvorsteher kaum abgefertigt werden könnten. Deshalb ist nun bestimmt, daß die Stimmbezirke durchschnittlich nur 2500 Einwohner, und nur ausnahmsweise bis zu 3500 Einwohnern haben sollen. Eine beträchtliche Verkleinerung der bisherigen Wahlbezirke ist daher wohl kaum zu umgehen. Andrerseits dürfen die Stimmbezirke auch nicht so klein sein, daß dadurch das Wahlgeheimnis beeinträchtigt wird.

§ 10.

Anlage B. Aus der Anlage B ergeben sich die Behörden, die in den einzelnen Bundesstaaten für die Abgrenzung der Stimmbezirke, die Entscheidung über Einsprüche gegen die Wählerlisten, die Ernennung der Wahlvorsteher und ihrer Stellvertreter und die Bestimmung des Wahlraums zuständig sind.

Sind die dort genannten Behörden durch andere ersetzt worden, so treten diese an ihre Stelle.

§ 11.

Die Wahlkommissare sind unverzüglich nach dem Erlasse dieser Verordnung zu ernennen; die Ernennung ist öffentlich bekanntzumachen.

Den Wahlkommissar ernennt für die preußischen Wahlkreise, falls sie mehrere Regierungsbezirke umfassen, der Oberpräsident, sonst der Regierungspräsident. Gehören zu diesen Kreisen die Gebiete anderer Bundesstaaten, so sind zuvor die beteiligten Landesregierungen zu hören.

Den Wahlkommissar für den 32. Wahlkreis ernennt die Landesregierung von Württemberg, für den 35. Wahlkreis die Landesregierung von Mecklenburg-Schwerin, für den 36. Wahlkreis die Landesregierung von Sachsen-Weimar und für den 37. Wahlkreis die Landesregierung von Hamburg nach Anhörung der mitbeteiligten Landesregierungen.

Im übrigen ernennt die Landesregierung den Wahlkommissar.

§ 12.

Der Wahlkommissar hat spätestens vier Wochen vor dem Wahltag zur Einreichung von Wahlvorschlägen durch eine Bekanntmachung in den zu amtlichen Veröffentlichungen dienenden Blättern des Wahlkreises aufzufordern.

In der Bekanntmachung sind die Tage zu bezeichnen, an denen spätestens die Wahlvorschläge einzureichen und die Verbindungen von Wahlvorschlägen zu erklären sind.

Die Bekanntmachung soll die Vorschriften über Beschaffenheit und Inhalt der Wahlvorschläge wiedergeben.

Möglichst gleichzeitig, spätestens vor Ablauf der Frist zur Einreichung der Wahlvorschläge sind die Namen der Beisitzer des Wahlausschusses (§ 22) öffentlich bekanntzugeben.

Vgl. die Bemerkungen zu § 11 des RWG. S. 22.

§ 13.

Wahlvorschläge können auch vor der öffentlichen Aufforderung eingereicht werden, sobald der Wahlkommissar ernannt ist.

§ 14.

In den Wahlvorschlägen sollen die Bewerber mit Ruf- und Familiennamen aufgeführt und ihr Stand oder Beruf sowie ihr Wohnort so deutlich angegeben werden, daß über ihre Persönlichkeit kein Zweifel besteht.

Sie sind in erkennbarer Reihenfolge aufzuführen.

Abs. 1. Der Wahlkommissär hat auch die Wählbarkeit der Bewerber zu prüfen (siehe § 18 der WO.). Deshalb muß er eigentlich auch Nachweise darüber verlangen, wie alt sie und seit wann sie Deutsche sind. Er wird solche Nachweise jedenfalls dann verlangen, wenn er hiewegen „Bedenken" hat. Nach § 24 Abs. 1 der WO. sind Bewerber, die nachgewiesenermaßen nicht wählbar sind, aus der Liste zu streichen. Der Wahlkommissar wird hiebei lieber zu vorsichtig, als zu wenig vorsichtig sein, damit nicht der Fall eintritt, daß ein erst vor kurzem Deutscher gewordener Wähler, oder ein 19jähriger gewählt und die Wahl ungültig wird.

Abs. 2. Das Verlangen erkennbarer Reihenfolge ist durch § 20 des RWG. begründet.

§ 15.

Die Unterzeichner der Wahlvorschläge sollen ihren Unterschriften die Angabe ihres Berufes oder Standes und ihrer Wohnung beifügen.

Gleichzeitig mit dem Wahlvorschlage sind außer den durch § 11 Abs. 3 des Reichswahlgesetzes vorgeschriebenen Zustimmungserklärungen der vorgeschlagenen Bewerber Bescheinigungen der Gemeindebehörden vorzulegen, daß die Unterzeichner in die Wählerliste aufgenommen worden sind. Die Gemeindebehörden haben solche Bescheinigungen auf Antrag unverzüglich gebührenfrei auszustellen.

§ 16.

In jedem Wahlvorschlage soll ein Vertrauensmann bezeichnet werden, der für die Verhandlungen mit dem Wahlkommissar und dem Wahlausschusse, zur Rücknahme des Wahlvorschlags sowie zur Abgabe und Rücknahme von Verbindungserklärungen bevollmächtigt ist. In derselben Weise kann ein Stellvertreter des Vertrauensmanns bezeichnet werden.

Fehlt die Bezeichnung des Vertrauensmanns, so gilt der erste Unterzeichner als solcher.

Erklärt mehr als die Hälfte der Unterzeichner eines Wahlvorschlags schriftlich, daß der Vertrauensmann oder sein Stellvertreter durch einen anderen ersetzt werden soll, so tritt dieser an die Stelle des früheren Vertrauensmannes, sobald die Erklärung dem Wahlkommissar zugeht.

Abs. 1. Für den Ersatz einzelner Bewerber durch andere ist in § 18 Abs. 1 der WO. die Erklärung von mindestens der Hälfte der Unterzeichner des Wahlvorschlages verlangt. Hierzu ist also der Vertrauensmann nicht befugt; ebenso auch nicht zu der nachträglichen Benennung von Bewerbern, wenn der Wahlvorschlag ursprünglich noch nicht die zulässige Zahl von Bewerbern enthielt (§ 11 Abs. 2 Satz 2 des RWG.).

§ 17.

Der Wahlkommissar hat die Vertrauensmänner unverzüglich zur Beseitigung von Mängeln der eingereichten Wahlvorschläge aufzufordern.

Die Mängel der Wahlvorschläge und ihrer Verbindungen können nur bis zum 7. Tage vor dem Wahltag beseitigt werden. Innerhalb derselben Frist müssen Bewerber, die auf mehreren Wahlvorschlägen desselben Wahlkreises benannt sind, dem Wahlkommissar erklären, für welchen Wahlvorschlag sie sich entscheiden.

Werden die Mängel nicht rechtzeitig beseitigt, so entscheidet der Wahlausschuß gemäß §§ 23 und 24 der WO.

§ 18.

Bewerber, gegen deren Wählbarkeit der Wahlkommissar Bedenken erhebt, können innerhalb der Frist des § 17 Abs. 2 durch andere ersetzt werden, wenn mehr als die Hälfte der Unterzeichner des Wahlvorschlags einen entsprechenden Antrag schriftlich stellt.

In gleicher Weise kann die Zahl der Bewerber bis zur gesetzlichen Höchstzahl (§ 11 des Reichswahlgesetzes) nachträglich ergänzt werden.

Abs. 2. Die gesetzliche Höchstzahl der Bewerber entspricht der Zahl der im Wahlkreis zu wählenden Abgeordneten (§ 11 Abs. 2 Satz 2 des RWG.).

§ 19.

Der Wahlkommissar soll darauf hinwirken, daß nicht dieselben Unterschriften unter mehreren Wahlvorschlägen stehen.

Über die Wirkung dieses Mangels ist in den Vorschriften nichts bestimmt. Es handelt sich nur um eine Sollvorschrift.

§ 20.

Jeder Wahlvorschlag darf nur einer Gruppe von verbundenen Wahlvorschlägen angehören.

Sind Erklärungen abgegeben worden, nach denen ein Wahlvorschlag verschiedenen Gruppen angehören soll, so hat der Wahlkommissar durch eine Verhandlung mit den Vertrauensmännern auf eine vorschriftsmäßige Verbindung der Wahlvorschläge hinzuwirken.

Vgl. Bemerkung zu § 12 des RWG. Seite 24. Dieser Vorschrift zuwiderlaufende Verbindungserklärungen sind nach § 25 Abs. 2 der WO. ungültig.

§ 21.

Der Vertrauensmann kann gegen Verfügungen, die der Wahlkommissar auf Grund der

§§ 17 bis 20 erläßt, die Entscheidung des Wahlausschusses anrufen.

§ 22.

Zwecks Bildung des Wahlausschusses beruft der Wahlkommissar vier Wahlberechtigte aus dem Wahlkreis und verpflichtet sie durch Handschlag an Eides Statt. Der Wahlkommissar soll zwei Wahlberechtigte bestimmen, die bei Behinderung der Beisitzer für diese einzutreten haben.

Außerdem hat er einen Schriftführer hinzuzuziehen und in gleicher Weise zu verpflichten.

Die Beisitzer des Wahlausschusses erhalten keine Vergütung.

Abs. 2. Der Schriftführer ist nach § 13 des RWG. nicht Mitglied des Wahlausschusses, also auch nicht stimmberechtigt.

§ 23.

Der Wahlausschuß entscheidet unverzüglich nach dem Ablauf der Frist für die Beseitigung von Mängeln (§ 17 Abs. 2) in öffentlicher Sitzung über die Zulassung der Wahlvorschläge und ihrer Verbindungen.

Die Entscheidungen des Wahlkommissars im Prüfungsverfahren sind nur vorläufiger Art; die eigentlichen Entscheidungen trifft der Wahlausschuß.

§ 24.

In den Wahlvorschlägen werden die Namen der Bewerber gestrichen, deren Persönlichkeit nicht feststeht, deren Zustimmungserklärung fehlt, die nachgewiesenermaßen nicht wählbar sind oder die auf mehreren Wahlvorschlägen desselben Wahlkreises benannt sind.

Bewerber, die auf demselben Wahlvorschlage mehrmals benannt sind, gelten als nur einmal vorgeschlagen.

Bleiben danach auf einem Wahlvorschlage mehr Namen stehen als nach § 11 des Reichswahlgesetzes zulässig sind, so werden die Namen gestrichen, die in der Reihenfolge der Benennungen der gesetzlich zugelassenen Zahl nachfolgen.

Abs. 2. Die „Häufung" von Stimmen auf einen Bewerber ist hienach nicht zulässig, bei dem System der gebundenen Listen des Wahlgesetzes übrigens auch unnötig. Denn nur die Stimmen auf die Wahlvorschläge, nicht auf die einzelnen Bewerber werden gezählt. Derartige Stimmzettel sind aber nicht ungültig.

§ 25.

Nicht zuzulassen sind Wahlvorschläge oder Verbindungen von solchen, die verspätet eingereicht oder erklärt sind oder den gesetzlichen Erfordernissen nicht entsprechen.

Kommt bei der Verhandlung nach § 20 Abs. 2 eine Einigung nicht zustande, so sind die in Betracht kommenden Verbindungen nicht zuzulassen.

Verspätet sind Wahlvorschläge, die später als am 21. Tage vor der Wahl eingereicht sind (§ 11 des RWG.) und Verbindungen, die später als am 7. Tage vor der Wahl erklärt sind (§ 12 Abs. 2 des RWG.).

§ 26.

Werden Namen auf Wahlvorschlägen gestrichen oder Wahlvorschläge oder Verbindungen von solchen nicht zugelassen, so ist hiervon dem

Vertrauensmann unter Beifügung von Gründen Mitteilung zu machen.

§ 27.

Der Name des Bewerbers, der in dem Wahlvorschlag an erster Stelle genannt ist, dient zur Bezeichnung des Wahlvorschlags.

§ 28.

Der Wahlausschuß hat gleichzeitig sämtliche zugelassenen Wahlvorschläge in der Form, in der sie zugelassen werden, aber unter Weglassung der Namen der Unterzeichner und Vertrauensmänner, spätestens am 5. Tage vor dem Wahltag durch die zu amtlichen Veröffentlichungen dienenden Blätter des Wahlkreises bekanntzumachen.

Hierbei ist zugleich anzugeben, welche Wahlvorschläge miteinander verbunden sind.

In der Bekanntmachung soll die rechtliche Bedeutung der Wahlvorschläge und ihrer Verbindung kurz erläutert werden.

Die Folge der Bekanntmachung ist in § 13 Abs. 3 des RWG. angegeben.

§ 29.

Die nach § 10 zuständigen Behörden haben bei der Ernennung des Wahlvorstehers und seines Stellvertreters zugleich den Raum zu bestimmen, in dem die Wahl vorzunehmen ist.

§ 30.

Die Abgrenzung der Stimmbezirke, die Ernennung des Wahlvorstehers und seines Stellvertreters, die Bestimmung des Wahlraums sowie Tag und Stunde der Wahlen sind spätestens am 7. Tage vor dem Wahltag durch die zu amtlichen Veröffentlichungen dienenden Blätter zu veröffentlichen und außerdem von den Gemeindevorständen in ortsüblicher Weise bekanntzugeben.

Abgrenzung der Stimmbezirke siehe § 10 der WO.

Ernennung des Wahlvorstehers siehe § 8 Abs. 1 des RWG.

Bestimmung des Wahlraumes siehe § 29 der WO.

Tag und Stunde der Wahl § 24 des RWG. und § 31 der WO.

§ 31.

Die Wahlhandlung beginnt um 9 Uhr vormittags.

Sie dauert bis 8 Uhr abends (§ 39 der WO.).

§ 32.

Der Wahlvorsteher lädt die Mitglieder des Wahlvorstandes spätestens am 3. Tage vor dem Wahltag ein, bei Beginn der Wahlhandlung zur Bildung des Wahlvorstandes im Wahlraum zu erscheinen.

Die Mitglieder des Wahlvorstandes erhalten keine Vergütung.

Mitglieder sind außer dem Wahlvorsteher die 3—6 Beisitzer und der Schriftführer (§ 8 Abs. 2 und 3 des RWG.).

§ 33.

Der Tisch, an dem der Wahlvorstand Platz nimmt, ist so aufzustellen, daß er von allen Seiten zugänglich ist.

An diesen Tisch wird ein verdecktes Gefäß (Wahlurne) zum Hineinlegen der Stimmzettel gestellt. Die Wahlurne muß viereckig sein. Im Innern gemessen muß ihre Höhe mindestens 90 Zentimeter und der Abstand jeder Wand von der gegenüberliegenden Wand mindestens 35 Zentimeter betragen. Im Deckel muß die Wahlurne einen Spalt haben, der nicht breiter als 2 Zentimeter sein darf und durch den die Umschläge mit den Stimmzetteln hineingesteckt werden müssen. Vor dem Beginne der Abstimmung hat sich der Wahlvorstand davon zu überzeugen, daß die Wahlurne leer ist. Von da ab bis zur Herausnahme der Umschläge mit den Stimmzetteln nach Schluß der Abstimmung darf die Wahlurne nicht wieder geöffnet werden.

Es ist entweder durch Bereitstellung eines oder mehrerer Nebenräume, die nur durch das Wahllokal betretbar und unmittelbar mit ihm verbunden sind, oder durch Vorrichtungen an einem oder mehreren von dem Vorstandstische getrennten Nebentischen Vorsorge dafür zu treffen, daß der Wähler seinen Stimmzettel unbeobachtet in den Umschlag zu legen vermag.

Je ein Abdruck des Reichswahlgesetzes, dieser Wahlordnung und der nach § 28 für den Wahlkreis erlassenen Bekanntmachung ist im Wahlraum auszulegen.

Die Bestimmung über die Wahlurne und die Absonderungsvorrichtung entspricht den bisherigen Vorschriften.

§ 34.

Die Stimmzettel müssen von weißem Papier und dürfen mit keinem Kennzeichen versehen sein; sie sollen 9 : 12 Zentimeter groß und von mittelstarkem Schreibpapier sein und sind von dem Wähler in einem mit amtlichem Stempel versehenen Umschlag, der sonst kein Kennzeichen haben darf, abzugeben. Die Umschläge sollen 12 : 15 Zentimeter groß und aus undurchsichtigem Papier hergestellt sein; sie sind in der erforderlichen Zahl bereitzuhalten.

Im Wahlraum dürfen Stimmzettel weder aufgelegt noch verteilt werden.

Abs. 1. Die Bestimmungen über die Stimmzettel und die Wahlumschläge sind wie bisher. Siehe auch § 14 des RWG.

Abs. 2. Neu ist die Vorschrift, daß Stimmzettel im Wahlraum nicht aufgelegt oder verteilt werden dürfen.

§ 35.

Die Wahlhandlung wird damit eröffnet, daß der Wahlvorsteher den Schriftführer und die Beisitzer durch Handschlag an Eides Statt verpflichtet und so den Wahlvorstand bildet.

Zu keiner Zeit der Wahlhandlung dürfen weniger als drei Mitglieder des Wahlvorstandes gegenwärtig sein. Der Wahlvorsteher und der Schriftführer dürfen sich während der Wahlhandlung nicht gleichzeitig entfernen; verläßt einer von ihnen vorübergehend den Wahlraum, so ist mit seiner Vertretung ein anderes Mitglied des Wahlvorstandes zu beauftragen.

§ 36.

Zutritt zum Wahlraum hat jeder Wahlberechtigte (§ 2 des Reichswahlgesetzes). Ansprachen darf niemand darin halten. Nur der Wahlvorstand darf über das Wahlgeschäft beraten und beschließen.

Der Wahlvorstand kann jeden aus dem Wahlraum verweisen, der die Ruhe und Ordnung der Wahlhandlung stört; ein Wahlberechtigter des Stimmbezirkes, der hiervon betroffen wird, darf vorher seine Stimme abgeben.

Jeder Wahlberechtigte ohne Rücksicht auf den Wohnsitz.

§ 37.

Der Wahlvorsteher leitet die Wahl.

Der Wähler, der seine Stimme abgeben will, nimmt einen abgestempelten Umschlag aus der Hand einer Person, die der Wahlvorstand in der Nähe des Zuganges zu dem Nebenraum oder Nebentische (§ 33 Abs. 3) aufgestellt hat. Er begibt sich sodann in den Nebenraum oder an den Nebentisch, steckt dort seinen Stimmzettel in den Umschlag, tritt an den Vorstandstisch, nennt seinen Namen und auf Erfordern seine Wohnung und übergibt, sobald der Schriftführer den Namen in der Wählerliste aufgefunden hat, den Umschlag mit dem Stimmzettel dem Wahlvorsteher oder dessen Stellvertreter, der ihn sofort uneröffnet in die Wahlurne legt.

Wähler, die durch körperliche Gebrechen behindert sind, ihre Stimmzettel eigenhändig in den Umschlag zu legen und diese dem Wahlvorsteher zu übergeben, dürfen sich der Beihilfe einer Vertrauensperson bedienen.

Stimmzettel, die nicht in dem abgestempelten Umschlag oder die in einem mit einem Kennzeichen versehenen Umschlag abgegeben werden, hat der Wahlvorsteher zurückzuweisen, ebenso die Stimmzettel von Wählern, die sich nicht in den Nebenraum oder an den Nebentisch begeben haben.

Der Wahlvorsteher hat darauf zu halten, daß die Wähler in dem Nebenraum oder an dem Nebentische nur so lange verweilen, als unbedingt erforderlich ist, um den Stimmzettel in den Umschlag zu stecken.

Abs. 4. Die Zurückweisung derartiger Abstimmungen ist im Wahlprotokoll festzustellen.

§ 38.

Der Schriftführer vermerkt die Stimmabgabe jedes Wählers neben dessen Namen in der Wählerliste.

§ 39.

Um 8 Uhr nachmittags erklärt der Wahlvorsteher die Abstimmung für geschlossen. Hiernach dürfen keine Stimmzettel mehr angenommen werden.

Die Umschläge werden aus der Wahlurne genommen und uneröffnet gezählt. Zugleich wird die Zahl der Abstimmungsvermerke in der Wählerliste festgestellt (§ 38). Ergibt sich dabei auch nach wiederholter Zählung eine Verschiedenheit, so ist dies im Wahlprotokoll anzugeben und, soweit möglich, zu erläutern.

§ 40.

Kann die Prüfung der Umschläge und Stimmzettel am Wahltag nicht mehr vorgenommen werden, so hat der Wahlvorsteher für die Versiegelung und Aufbewahrung der uneröffneten Wahlvorschläge Sorge zu tragen.

Die Feststellung soll, wenn irgend möglich, im Anschluß an die Wahl selbst vorgenommen werden.

§ 41.

Bei der Prüfung des Abstimmungsergebnisses, die spätestens am nächstfolgenden Tage erfolgen muß, öffnet ein Beisitzer die Umschläge, nimmt die Stimmzettel heraus und übergibt sie dem Wahlvorsteher, der sie laut vorliest und nebst den Umschlägen einem anderen Beisitzer zur Aufbewahrung bis zum Ende der Wahlhandlung übergibt.

Jeder Stimmzettel muß g a n z verlesen werden. Dann muß, wenn der Zettel gültig ist, festgestellt werden, welchem Wahlvorschlag die Stimme zuzurechnen ist, damit sie für den Wahlvorschlag im Protokoll und in der Gegenliste gebucht werden kann (§ 43 der WO.). Die Entscheidung, ob eine Stimme einem bestimmten Wahlvorschlag zuzurechnen ist, wird dadurch erleichtert, daß Stimmzettel, die Namen aus verschiedenen Wahlvorschlägen enthalten, ungültig sind (§ 42 Ziff. 7 der WO.).

§ 42.

Ungültig sind Stimmzettel,

1. die nicht in einem amtlich abgestempelten Umschlag oder die in einem mit einem Kennzeichen versehenen Umschlag übergeben worden sind;

2. die nicht von weißem Papier sind;
3. die mit einem Kennzeichen versehen sind;
4. die keinen oder keinen lesbaren Namen enthalten;
5. aus denen nicht die Person mindestens eines Bewerbers unzweifelhaft zu erkennen ist;
6. die eine Verwahrung oder einen Vorbehalt gegenüber allen Gewählten enthalten;
7. die Namen aus verschiedenen Wahlvorschlägen enthalten;
8. die ausschließlich auf andere als die in den öffentlich bekanntgegebenen Wahlvorschlägen aufgeführten Personen lauten.

Mehrere in einem Umschlag enthaltene gleichlautende Stimmzettel gelten als eine Stimme; in einem Umschlag enthaltene, auf verschiedene Personen lautende Stimmzettel sind ungültig.

Die gültigen Stimmzettel sind ohne Rücksicht auf ihre Vollständigkeit und die Reihenfolge der Benennungen den einzelnen Wahlvorschlägen zuzurechnen.

Ziff. 1. Derartige Stimmabgaben sind gleich zurückzuweisen (§ 37 Abs. 4 der WO.). Wird dies aber aus Versehen unterlassen, so sind die Stimmzettel ungültig.

Ziff. 1 und 3. Kennzeichen ist alles, was bewirkt, daß der Zettel oder der Umschlag vor den anderen gekennzeichnet, d. h. kenntlich gemacht ist, einerlei ob absichtlich oder unabsichtlich, auch durch Tinten- und Fettflecke.

Ziff. 5. Es genügt also, daß aus dem Zettel wenigstens ein Bewerber unzweifelhaft zu ersehen ist, der auf einem öffentlich bekanntgemachten Wahlvorschlag enthalten ist, der Zettel zählt dann für diesen Wahlvorschlag.

Ziff. 7. Mit Rücksicht auf das zu Ziff. 5 Gesagte müssen Zettel, die Namen aus verschiedenen Wahlvorschlägen enthalten, als ungültig erklärt werden.

Ziff. 8. Bei der Abstimmung ist nur die Auswahl unter den auf den öffentlich bekannt gegebenen Wahlvorschlägen enthaltenen Bewerbern gelassen. Andere Bewerber, mit einem dem parlamentarischen Leben entnommenen Ausdruck auch „Wilde" genannt, können nicht gültig gewählt werden.

Abs. 2. Wenn mehrere, in einem Umschlag befindliche Stimmzettel als eine Stimme gültig sein sollen, müssen sie gleich lauten; sobald sie auf verschiedene Personen lauten, sind sie ungültig. Schon eine Abweichung hinsichtlich eines Bewerbers bewirkt die Ungültigkeit. Es genügt also nicht, daß die beiden Zettel dem gleichen Wahlvorschlag zuzurechnen wären. Nur wenn sie „gleich lauten", also ganz gleichen Wortlaut haben, können sie als eine Stimme gelten.

Abs. 3. Hiedurch kennzeichnet sich das System des Reichswahlrechtes als Verfahren mit „gebundenen Listen" (siehe Einleitung Seite 10). Es kommt nicht darauf an, ob ein Stimmzettel vollständig ist, und wie die Bewerber darauf gruppiert sind. Wenn nur die Person eines, einem öffentlich bekannt gegebenen Wahlvorschlag angehörigen Bewerbers erkennbar bezeichnet ist (§ 42 Ziff. 5 der WO.), wird die Stimme diesem Wahlvorschlag zugerechnet.

§ 43.

Der Schriftführer vermerkt im Protokoll jede dem einzelnen Wahlvorschlage zugefallene Stimme und zählt die Stimmen laut.

In gleicher Weise führt einer der Beisitzer eine Gegenliste, die ebenso wie die Wählerliste beim Schlusse der Wahlhandlung vom Wahlvorstande zu unterschreiben und dem Protokoll beizufügen ist.

Die Liste des Schriftführers wird im Wahlprotokoll selbst, die Liste des Beisitzers in Form einer Beilage zum Protokoll geführt.

§ 44.

Die Stimmzettel, über deren Gültigkeit oder Ungültigkeit der Wahlvorstand Beschluß fassen muß, sind mit fortlaufenden Nummern zu versehen und dem Protokoll beizufügen. Im Protokoll sind die Gründe kurz anzugeben, aus denen die Stimmzettel für gültig oder ungültig erklärt worden sind.

Wenn ein Stimmzettel wegen der Beschaffenheit des Umschlags für ungültig erklärt worden ist, ist auch der Umschlag anzuschließen.

§ 45.

Alle Stimmzettel und Umschläge, die nicht nach § 44 dem Wahlprotokoll beizufügen sind, hat der Wahlvorsteher in Papier einzuschlagen, zu versiegeln und aufzubewahren, bis die Wahl für gültig erklärt worden ist.

§ 46.

Über die Wahlhandlung ist ein Protokoll nach dem in der Anlage C beigefügten Vordruck aufzunehmen.*)

*) Die in Anlage C und D enthaltenen Formulare wurden nicht mitabgedruckt, da sie für die Zwecke dieses Buches entbehrlich sind, zumal da jeder Wahlvorsteher das nötige Protokoll von der Behörde erhält, die ihn ernannt hat.

§ 47.

Den Wahlvorständen und den Wahlausschüssen können für die Prüfung der Abstimmung und die Ermittlung des Wahlergebnisses Beamte als Hilfsarbeiter beigegeben werden.

Zuständig zur Bestellung der Hilfsarbeiter bei den Wahlvorständen sind die für die Ernennung der Wahlvorsteher zuständigen Behörden, für die Bestellung der Hilfsarbeiter bei den Wahlausschüssen die Wahlkommissare.

Die Hilfsarbeiter nehmen an der Beschlußfassung nicht teil.

§ 48.

Die Wahlprotokolle mit sämtlichen zugehörigen Schriftstücken sind von den Wahlvorstehern ungesäumt, jedenfalls aber so zeitig dem Wahlkommissar einzureichen, daß sie spätestens im Laufe des 3. Tages nach dem Wahltag in dessen Hände gelangen.

Die Wahlvorsteher sind für die pünktliche Ausführung dieser Vorschrift verantwortlich.

„Zugehörig" sind namentlich die Gegenlisten (§ 43 Abs. 2 der WO.), die Wählerlisten (§ 63 der WO.), die Stimmzettel und Umschläge, worüber der Wahlvorstand Beschluß gefaßt hat (§ 44 der WO.), aber auch alle sonstigen bei Verhandlungen des Wahlvorstandes angefallenen Schriftstücke.

§ 49.

Zur Ermittlung des Wahlergebnisses beruft der Wahlkommissar den Wahlausschuß auf den 6. Tag nach dem Wahltag in einen von ihm zu bestimmenden Raum.

Es können andere Beisitzer als zur Prüfung der Wahlvorschläge zugezogen werden.

Ort und Zeit der Sitzung sind öffentlich bekanntzugeben. Jeder Wahlberechtigte (§ 2 des Reichswahlgesetzes) hat Zutritt.

§ 50.

In der Sitzung des Wahlausschusses werden die Protokolle über die Wahlen in den einzelnen Stimmbezirken durchgesehen und die Ergebnisse der Wahlen zusammengestellt.

Geben die Wahlen in den einzelnen Stimmbezirken zu Bedenken Anlaß, so kann der Wahlkommissar die von den Wahlvorstehern aufbewahrten Stimmzettel und Umschläge (§ 45) einfordern und einsehen.

Abs. 1. Hiezu können die Hilfsarbeiter (§ 47 der WO.) verwendet werden.

Abs. 2. Zu Abänderungen an den von den Wahlvorständen der einzelnen Stimmbezirke festgestellten Ergebnissen ist weder der Wahlkommissar, noch der Wahlausschuß befugt. Dies entspricht der bisherigen ständigen Handhabung der bis jetzt gültigen, ähnlich gefaßten Bestimmungen des Reichstagswahlrechtes. Der Wahlausschuß kann daher auch jetzt nur seine etwaigen Bedenken über einzelne Vorgänge in dem Protokoll über seine Verhandlungen niederlegen, sonst aber soll seine Tätigkeit offenbar auch nur eine rein rechnerisch zusammenstellende sein.

§ 51.

Zwecks Verteilung der Abgeordnetensitze auf die Wahlvorschläge gemäß § 19 des Reichswahlgesetzes werden die auf die einzelnen Wahlvorschläge entfallenen Stimmenzahlen nacheinander durch 1, 2, 3, 4 usw. geteilt, bis von den sich hierbei ergebenden Teilzahlen so viele Höchstzahlen der Größe nach ausgesondert werden können, wie Abgeordnete zu wählen sind. Jeder Wahlvorschlag erhält so viele Abgeordnetensitze, wie auf ihn Höchstzahlen entfallen. Wenn die an letzter Stelle stehende Höchstzahl auf mehrere Wahlvorschläge zugleich entfällt, entscheidet das Los.

Zur Erläuterung dieses Verfahrens, das dem von dem Belgier Viktor d'Hondt erfundenen entspricht, siehe Einleitung Seite 13ff., namentlich die Beispiele auf Seite 14 und unten bei § 52.

§ 52.

Sind verbundene Wahlvorschläge vorhanden, so wird bei der Verteilung der Abgeordnetensitze auf die einzelnen Wahlvorschläge jede Gruppe verbundener Wahlvorschläge als ein Wahlvorschlag angesehen und ihr die ihrer Gesamtstimmenzahl entsprechende Zahl von Abgeordnetensitzen zugewiesen.

Ist so die Zahl der Abgeordnetensitze festgestellt, die auf jede Gruppe verbundener Wahlvorschläge zusammen entfallen, so werden nach den Grundsätzen des § 51 die Abgeordnetensitze auf die einzelnen miteinander verbundenen Wahlvorschläge unterverteilt.

Über die Bedeutung und den Zweck der Verbindung von Wahlvorschlägen siehe Einleitung Seite 11. Die verbundenen Wahlvorschläge sind für die Stimmabgabe noch ganz selbständig. Hiebei sucht jeder Wahlvorschlag für sich möglichst viel Stimmen zu erreichen. Erst bei der Verteilung der Abgeordnetensitze tritt die Verbindung in Wirksamkeit. In dem folgenden, zur Erläuterung beigefügten Beispiel ist angenommen, daß zunächst die Wahlvorschläge D und E eine Verbindung eingehen, und dann miteinander nochmals mit F zu einer Gruppe sich verbinden. Es ist angenommen, daß 10 Abgeordnetensitze zu verteilen sind. Die neben den Stimmenziffern eingeklammerten Zahlen bedeuten die Reihenfolge der Höchstzahlen und damit die Reihenfolge, in der die Wahlvorschläge die Sitze 1—10 besetzen.

	A	B	C	D	E	F
				22 000	12 000	
				34 000		5000
geteilt durch 1:	40 000 (4)	66 000 (2)	95 000 (1)	39 000 (5)		
geteilt durch 2:	20 000 (9)	33 000 (6)	47 500 (3)	19 500 (10)		
geteilt durch 3:	13 333	22 000 (8)	31 666 (7)	13 000		
	2 Sitze	3 Sitze	3 Sitze	2 Sitze		

Die verbundene Gruppe D E F hat zusammen 2 Sitze errungen. Hätten die 3 Wahlvorschläge keine Verbindung eingegangen, so hätte nur D 1 Sitz erhalten. Dann folgt die Unterverteilung in der verbundenen Gruppe und zwar zunächst unter Beibehaltung der zuerst eingegangenen Verbindung D E, also die Auseinandersetzung mit F. Die 2 gemeinsam errungenen Sitze werden, gleichfalls nach dem d'Hondt'schen Verfahren, verteilt, wie folgt:

	D	E	F
	22 000	12 000	
geteilt durch 1:	34 000 (1)		5000
geteilt durch 2:	17 000 (2)		2500
	2 Sitze		— Sitz.

Dann folgt die Endauseinandersetzung zwischen D und E im gleichen Verfahren:

	D	E
geteilt durch 1:	22 000 (1)	12000 (2)
geteilt durch 2:	11 000	6000
	1 Sitz	1 Sitz

Das Endergebnis der Verbindung ist also, daß statt 1 Sitz, den ohne die Verbindung D erhalten hätte, D und E je 1 Sitz besetzen können.

§ 53.

Wenn ein Wahlvorschlag oder eine Gruppe verbundener Wahlvorschläge weniger Bewerber enthält, als auf sie Höchstzahlen entfallen, so gehen die überschüssigen Sitze auf die Höchstzahlen der anderen Wahlvorschläge über.

Es ist denkbar, daß ein Wahlvorschlag oder eine Gruppe verbundener Wahlvorschläge weniger Bewerber enthält, als ihr Sitze zufallen, nämlich wenn diejenigen, die die Wahlvorschläge einbringen, zu wenig Vertrauen in die Zugkraft ihrer Sache haben und deshalb nicht genügend Bewerber auf ihren Wahlvorschlägen benannt haben. Dann bleibt nichts andres übrig, als den Wahlvorschlag oder die Gruppe insoweit außer Betracht zu lassen und die überschüssigen Sitze den nächsten Höchstzahlen der andern Wahlvorschläge zuzuteilen.

§ 54.

Das Ergebnis der Wahl wird von dem Wahlkommissar sofort nach seiner Feststellung unter Angabe der Zahlen der auf die einzelnen Wahlvorschläge und auf jede Gruppe verbundener Wahlvorschläge entfallenen gültigen Stimmen, sowie der Namen der Gewählten verkündet.

In gleicher Weise wird das Ergebnis der Wahl unverzüglich durch die zu amtlichen Veröffentlichungen dienenden Blätter des Wahlkreises bekanntgegeben.

Die Namen der Gewählten ergeben sich gemäß § 20 des RWG. aus der Reihenfolge der Bewerber auf dem

Wahlvorschlag. Irgendwelche sonstigen Feststellungen sind hiezu also nicht veranlaßt.

§ 55.

Über die Verhandlung zur Ermittlung des Wahlergebnisses ist ein Protokoll nach dem als Anlage D beigefügten Vordruck aufzunehmen.*)

§ 56.

Der Wahlkommissar hat die Gewählten von der auf sie gefallenen Wahl zu benachrichtigen und sie aufzufordern, sich binnen einer Woche nach Zustellung der Nachricht über die Annahme der Wahl zu erklären.

Schweigen oder Annahme unter Vorbehalt oder Verwahrung gilt als Ablehnung.

Mit Rücksicht auf den Lauf der Frist von 1 Woche ist ein Zustellungsnachweis erforderlich.

§ 57.

Sämtliche Verhandlungen über die Wahlen in den Stimmbezirken und über die Ermittlung des Wahlergebnisses werden von dem Wahlkommissar unverzüglich der vorgesetzten Landeszentralbehörde zur Mitteilung an die verfassunggebende deutsche Nationalversammlung vorgelegt.

§ 58.

Wenn ein Abgeordneter die Wahl ablehnt oder nachträglich aus der verfassunggebenden deutschen Nationalversammlung ausscheidet, hat

*) Die in Anlage C und D enthaltenen Formulare werden nicht mitabgedruckt, da sie für die Zwecke dieses Buches entbehrlich sind.

die zur Ernennung des Wahlkommissars zuständige Behörde (§ 11) unverzüglich die nach § 21 des Reichswahlgesetzes notwendigen Feststellungen herbeizuführen. Erforderlichenfalls ernennt sie einen neuen Wahlkommissar und macht dies öffentlich bekannt.

Die nach § 11 zuständige Behörde muß entweder von dem Wahlkommissar, bei dem die Wahlablehnung einläuft, oder von der Nationalversammlung Mitteilung von dem Ausscheiden des Abgeordneten erhalten, damit sie die nach § 21 des RWG. erforderlichen Feststellungen bei dem Wahlkommissar herbeiführen kann. Wenn der Wahlkommissar die Wahlverhandlungen noch nicht abgesendet hat, kann er diese Feststellungen wohl auch von sich aus machen.

§ 59.

Der Wahlkommissar beruft unverzüglich den Wahlausschuß gemäß § 49.

Der Wahlausschuß stellt auf Grund des nach § 55 aufgenommenen Protokolls fest, wer nach § 21 des Reichswahlgesetzes als Ersatzmann in die verfassunggebende deutsche Nationalversammlung eintritt. § 56 findet Anwendung.

Die Feststellung des Ersatzmannes besteht nur in der Ermittelung, welcher Bewerber auf dem Wahlvorschlag, dem der Ausgefallene angehört hat, der Reihenfolge der Benennung nach (§ 20 des RWG.) hinter dem zuletzt gewählten Abgeordneten in Betracht kommt. Hat dieser Wahlvorschlag keinen Bewerber mehr übrig, so kommt der erste noch nicht gewählte Bewerber eines verbundenen Wahlvorschlages in Betracht. Wie es zu halten ist, wenn mehrere solche Wahlvorschläge vorhanden sind, ist nicht ersichtlich.

§ 60.

Ist ein Bewerber nicht vorhanden, der an die Stelle des Ablehnenden oder Ausscheidenden zu treten hätte, so stellt der Wahlausschuß dies in einem mit Gründen versehenen Beschlusse fest.

§ 61.

Wird im Wahlprüfungsverfahren die ganze Wahl in einem Wahlkreis für ungültig erklärt, so hat die nach § 11 zuständige Behörde sofort eine Nachwahl für den Wahlkreis zu veranlassen. Erforderlichenfalls ernennt sie einen neuen Wahlkommissar und macht dies öffentlich bekannt.

Eine Nachwahl gibt es nur, wenn im Wahlprüfungsverfahren — durch die Nationalversammlung, der allerdings im RWG. ein solches Recht nicht ausdrücklich beigelegt ist, — eine Wahl in einem ganzen Wahlkreis für ungültig erklärt wird.

§ 62.

Die Nachwahl findet nach denselben Vorschriften statt wie die erste.

Die Stimmbezirke, die Wahlräume, die Wahlvorsteher und ihre Stellvertreter bleiben unverändert, soweit nicht eine Änderung nach dem Ermessen der nach § 10 zuständigen Behörde geboten erscheint. Solche Änderungen sind gemäß § 30 öffentlich bekanntzumachen. Die Bescheinigung hierüber ist nicht auf der Wählerliste zu erteilen, sondern von den Gemeindevorständen den Wahlvorstehern noch vor dem Wahltag besonders einzureichen.

§ 63.

Findet die Nachwahl binnen Jahresfrist nach dem Wahltag statt, so sind dieselben Wählerlisten anzuwenden wie bei der ersten Wahl. Sie sind zu diesem Zwecke von den Wahlakten zu trennen und den Wahlvorstehern zuzustellen. Eine wiederholte Auslegung und Berichtigung der Listen findet nicht statt.

§ 64.

Findet die Nachwahl später als ein Jahr nach dem Wahltag statt, so müssen die gesamten Wahlvorbereitungen, einschließlich der Aufstellung und Auslegung der Wählerlisten, erneuert werden. Der Tag, an dem die Auslegung der Wählerlisten beginnt, ist von der nach § 11 zuständigen Behörde festzusetzen.

§ 65.

Für jede Nachwahl sind neue Wahlvorschläge einzureichen.

Berlin, den 30. November 1918.

Der Staatssekretär des Innern:

Dr. **Preuß.**

Anlage A

Wählerliste

der Stadt ....
(der Gemeinde) ....
(des Gutsbezirkes) ....

Stimmbezirk Nr. .... der Stadt .... / (der Gemeinde) .... / (des Gutsbezirkes) .... des Kreises .... (des Amtes)

Lfde. Nr.	Zuname	Vorname	Alter, Jahre	Stand oder Gewerbe	Wohnort	Vermerk der erfolgten Stimmabgabe: Ordentliche Wahl	Vermerk der erfolgten Stimmabgabe: Nachwahl	Bemerkungen
	der Wähler							
1	2	3	4	5	6	7	8	9
1	*Abel*	*Carl*	*35*	*Bauer*	*Clausdorf*	†		
2	*Alert*	*Friederike*	*24*	*Haustochter*	„			
3	*Arnold*	*Heinrich*	*37*	*Schulze*	„	†		
4	*Arnold*	*Ludwig*	*20*	*Pächter*	„			*Nr. 4 ist noch nicht 20 Jahre alt, daher gestrichen am ten (Unterschrift)*

5	*Böhm*	*Ernst*	42	*Bäcker*	„			
6	*Böhm*	*Peter*	70	*Kesselflicker*	„			*Nr. 6 hält sich nur vorühergehend in Clausdorf auf, gestrichen auf Entscheidung des Landrats (Amtmanns, Oberbeamten; Magistrats usw.) vom ... ten ... (Unterschrift)*
7	*Brandt*	*Wilhelmine*	50	*Ehefrau*	„			
8	*Brass*	*Michael*	30	*Brauer*	„			
9	*Braun*	*Emilie*	22	*ohne Beruf*	„	†		
10	*Cohn*	*Hirsch*	39	*Handelsmann*	„			*Nr. 10 ist entmündigt, daher gestrichen am ... ten ... (Unterschrift)*
11	*Cohn*	*Meyer*	48	*Schankwirt*	„	†		
12	*Donner*	*Max*	28	*Müller*	*Buschmühle*	†		

usw.

N. ...., den ....

Der Gemeindevorstand (Ortsvorstand, Magistrat usw.)

(Unterschrift)

Nachtrag

Lfde. Nr.	Zuname	Vorname	Alter, Jahre	Stand oder Gewerbe	Wohnort	Vermerk der erfolgten Stimmabgabe		Bemerkungen
der Wähler						Ordentliche Wahl	Nachwahl	
1	2	3	4	5	6	7	8	9
215	*Friedrich*	*Paula*	*36*	*Ärztin*	*Clausdorf*			*Nr. 215 hat erst nach Aufstellung der Wählerliste hier ihren Wohnsitz aufgeschlagen, nachgetragen am ..... ten ..... 19 .....* *(Unterschrift)*
216	*Kaul*	*Ernst*	*26*	*Barbier*	"			*Nr. 216 aus Versehen übergangen, nachgetragen wie vor.* *(Unterschrift)*

usw.

Abgeschlossen*) N. .... den .... 19 .....

Der Gemeindevorstand (Ortsvorstand, Magistrat usw.)

(Unterschrift)

Daß die vorstehende Wählerliste nach vorgängiger ortsüblicher Bekanntmachung vom .... 19 .... bis zum .... 19 .... zu jedermanns Einsicht ausgelegen hat, sowie daß die Abgrenzung des Stimmbezirkes, der Name des Wahlvorstehers und seines Stellvertreters, Ort, Tag und Stunde der Wahl acht Tage vor dem Wahltag in ortsüblicher Weise bekanntgemacht worden sind, wird hierdurch bescheinigt.

N. .... den .... 19 ....

Der Gemeindevorstand (Ortsvorstand, Magistrat usw.)

(Siegel) (Unterschrift)

---

*) Auf dem Exemplar, welches der Wahlvorsteher erhält, ist hinzuzusetzen:
»mit der amtlichen Bescheinigung, daß das gegenwärtige Exemplar mit dem Hauptexemplar der Wählerliste völlig übereinstimmt.«
und in der Bescheinigung über die Auslegung statt der Worte:
»die vorstehende Wählerliste« zu schreiben: »das Hauptexemplar der vorstehenden Wählerliste«.

Anlage B

Verzeichnis

der Behörden, die in den einzelnen Bundesstaaten für die Abgrenzung der Stimmbezirke, die Entscheidung über Einsprüche gegen die Wählerlisten, die Ernennung der Wahlvorsteher und ihrer Stellvertreter und die Bestimmung des Wahlraums zuständig sind.

I. Preußen

1. In den Provinzen Ostpreußen, Westpreußen, Brandenburg, Pommern, Posen, Schlesien, Sachsen, Schleswig-Holstein, Westfalen, Hessen-Nassau und Rheinprovinz:

   auf dem Lande:
   der Landrat,

   in den Städten:
   der Magistrat und, wo kein kollegialischer Gemeindevorstand vorhanden ist, der Bürgermeister;

2. in der Provinz Hannover:

   auf dem Lande und in den Städten, auf die die Hannoversche revidierte Städteordnung vom 24. Juni 1858 (Hannoversche Gesetzsamml. S. 141) nicht Anwendung findet:
   der Landrat,

   in den übrigen Städten:
   der Magistrat;

3. in Berlin:
   der Magistrat;

4. in den Hohenzollernschen Landen:
   der Oberamtmann.

II. Bayern

In den einer Kreisregierung unmittelbar untergeordneten Städten:

die Magistrate,

in den übrigen Distriktsverwaltungsbezirken:

die Bezirksämter.

III. Sachsen

Die Gemeindeobrigkeiten, zugleich für die in ihrem Bezirke gelegenen exemten Grundstücke.

IV. Württemberg

Für die Entscheidung über Einsprüche gegen die Wählerlisten:

der Gemeinderat,

im übrigen:

der Oberamtmann, im Stadtbezirke Stuttgart: der Stadtdirektor.

V. Baden

Die Bezirksräte:

in dringenden Fällen für die Ernennung der Wahlvorsteher und ihrer Stellvertreter und die Bestimmung des Wahlraums:

die Bezirksämter.

VI. Hessen

Für die Entscheidung über die Einsprüche gegen die Wählerlisten:

der Kreisausschuß,

im übrigen:

die Kreisämter.

VII. Mecklenburg-Schwerin

Die Ortsobrigkeiten.

VIII. Sachsen-Weimar

Die Gemeindevorstände.

IX. Mecklenburg-Strelitz.

Für die Abgrenzung der Stimmbezirke und für die Ernennung der Wahlvorsteher und ihrer Stellvertreter:
die Landesregierung in Neustrelitz,
im übrigen:
die Ortsobrigkeiten.

X. Oldenburg

Für die Abgrenzung der Stimmbezirke:
das Staatsministerium;
für die Entscheidung über Einsprüche gegen die Wählerlisten:
die den Wahlvorstehern zunächst vorgesetzten Behörden;
für die Ernennung der Wahlvorsteher und ihrer Stellvertreter:
das Staatsministerium, Departement des Innern;
für die Bestimmung des Wahlraums:
die Wahlvorsteher.

XI. Braunschweig

Für die Entscheidung über die Einsprüche gegen die Wählerlisten:
in den Städten:
der Stadtmagistrat,
auf dem Lande:
die Kreisdirektion,
im übrigen:
der Gemeindevorstand beziehungsweise der Wahlvorsteher.

XII. Sachsen-Meiningen

Für die Bestimmung des Wahlraums:
der Gemeindevorstand,
im übrigen:
in den Städten:
der Magistrat beziehungsweise das Bürgermeisteramt,
auf dem Lande:
der Landrat.

XIII. Sachsen-Altenburg

Für die Entscheidung über die Einsprüche gegen die Wählerlisten:

in den Städten:

die Stadträte;

auf dem Lande:

die Landratsämter;

für die Bestimmung des Wahllokals:

die Wahlvorsteher;

im übrigen:

das Ministerium, Abteilung des Innern.

XIV. Sachsen-Coburg und Gotha

Für die Entscheidung über die Einsprüche gegen die Wählerlisten und für die Bestimmung des Wahlraums:

die Wahlkommissarien,

im übrigen:

das Staatsministerium.

XV. Anhalt

Die Kreisdirektionen.

XVI. Schwarzburg-Rudolstadt

Für die Ernennung der Wahlvorsteher und ihrer Stellvertreter und für die Bestimmung des Wahlraums:

der Gemeindevorstand,

im übrigen:

das Landratsamt.

XVII. Schwarzburg-Sondershausen

Für die Abgrenzung der Stimmbezirke:

das Ministerium,

im übrigen:

die Landräte.

XVIII. Waldeck

Der Kreisamtmann.

XIX. Reuß ä. L.

Für die Abgrenzung der Stimmbezirke:

die Landesregierung,

im übrigen:

das Landratsamt.

XX. Reuß j. L.

Für die Abgrenzung der Stimmbezirke:
das Ministerium;
für die Entscheidung über die Einsprüche gegen die Wählerlisten:
der Gemeindevorstand,
im übrigen:
das Landratsamt.

XXI. Schaumburg-Lippe

Das Ministerium.

XXII. Lippe

Die Regierung.

XXIII. Lübeck

Für die Abgrenzung der Stimmbezirke:
der Senat,
im übrigen:
der Bürgerausschuß.

XXIV. Bremen

Die Wahldeputation.

XXV. Hamburg

Die Zentral-Wahlkommission.

III.

Die Bestimmungen über die Wahl zum neuen bayerischen Landtag.

1. Das bisherige Landtagswahlrecht.

Das Wahlrecht zum bayerischen Landtag war auch nach seiner Neuregelung am 9. April 1906 immer noch etwas eingeschränkter, als das Reichstagswahlrecht nach dem Gesetz vom 31. Mai 1869. Denn es verlangte neben der Zurücklegung des 25. Lebensjahres und dem Besitze der Staatsangehörigkeit seit mindestens einem Jahre auch noch die Entrichtung einer direkten Steuer seit mindestens einem Jahre. Wählbar war jeder 25 Jahre alte, bayerische Staatsangehörige, der gleichfalls seit mindestens einem Jahre die bayerische Staatsangehörigkeit besaß und seit mindestens einem Jahre eine direkte Steuer entrichtete. Als gewählt galt derjenige Bewerber, der in seinem Wahlkreis die relative Mehrheit der abgegebenen Stimmen, d. h. mindestens um eine Stimme mehr erhalten hatte, als der nächste Bewerber, vorausgesetzt, daß er mindestens ein Drittel der abgegebenen Stimmen auf sich vereinigte. War dies nicht der Fall, so fand eine weitere Wahlhandlung statt, worauf dann die relative Mehrheit ohne weiteres entschied.

Obwohl diese Regelung erst im Jahre 1906 erfolgt war, wurde doch im Herbst 1918 im Zusammenhang mit der in Aussicht genommenen Parlamentarisierung der Regierung auch ein Ausbau des Landtagswahlrechtes geplant. Staatsregierung und Parteien hatten sich Ende Oktober und Anfang November schon über die Grundzüge einer Erweiterung des Wahlrechtes und die Einführung des Verhältniswahlrechtes im ganzen Land im allgemeinen geeinigt, so daß ein wesentlicher Fortschritt in der Demokratisierung des Wahlrechtes in Aussicht stand. Die Ereignisse der Nacht vom 7. auf 8. November sind aber der Ausführung dieses Planes zuvorgekommen.

Nur wenige Tage später, als die neue Reichsregierung, ist auch die neue Regierung des Volksstaates Bayern mit der Ankündigung einer Neuregelung des Wahlrechtes zwecks Wahl einer verfassunggebenden Versammlung, eines „neuen Landtages" auf dem Plane erschienen, indem sie am 5. Dezember 1918 in der „Wahlproklamation" an das bayerische Volk die Grundzüge des neuen Wahlrechtes mitteilte und am 7. Dezember 1918 in der „Wahlordnung" die näheren Ausführungsbestimmungen für die Wahl bekannt gab.

2. Wahlproklamation.

(Gesetz- und Verordnungsblatt S. 1255.)

An das bayerische Volk!

Die Regierung des Volksstaates Bayern bestimmt hiemit, daß die Wahl zum neuen bayerischen Landtag

am Sonntag, den 12. Januar 1919

stattfindet.

Wahlberechtigt sind alle männlichen und weiblichen bayerischen Staatsangehörigen, die am Tage der Wahl

1. das 20. Lebensjahr zurückgelegt haben,
2. die bayerische Staatsangehörigkeit besitzen.

Ausgenommen sind nur Entmündigte und solche, die die bürgerlichen Ehrenrechte nicht besitzen.

Wählbar sind alle männlichen und weiblichen wahlberechtigten Staatsangehörigen, die das 25. Lebensjahr zurückgelegt haben.

Die näheren Bestimmungen über die Wahl werden in einer Wahlordnung getroffen.

München, den 5. Dezember 1918.

Die Regierung des Volksstaates Bayern.

Kurt Eisner. Auer. v. Frauendorfer. Hoffmann. Dr. Jaffé. Roßhaupter. J. Timm. Unterleitner.

---

3. Bekanntmachung, Wahlordnung für den neuen bayerischen Landtag betreffend.

(Gesetz- und Verordnungsblatt S. 1257 ff.)

Die Ereignisse der Nacht vom 7. auf 8. November 1918 haben in Bayern eine neue Gewalt an die Stelle der bis dahin herrschenden Macht gesetzt. Das bayerische Volk hat seine Geschicke nunmehr selbst zu bestimmen. Wenn nun auch an der Umwälzung nur ein Teil des Volkes beteiligt war, so darf doch, demokratischem Grundsatz entsprechend, von der Mitbestimmung über die endgültige Neuordnung der Verhältnisse kein Volksteil ausgeschlossen werden. Vielmehr müssen alle Teile des Volkes an der Neueinrichtung des Staates mitzuwirken voll berechtigt sein. Zu diesem Zweck wird der neue bayerische Landtag einberufen. Er soll die Interessen des gesamten

Bayernvolkes vertreten, die Wünsche des gesamten Bayernvolkes zum Ausdruck bringen. Seine Aufgabe wird es sein, dem Volke ein neues Landtagswahlgesetz, vor allem aber eine neue Verfassung zu geben und die unbedingt notwendigen Finanz- und sonstigen Gesetze zu beschließen. Die jetzige Regierung des Volksstaats Bayerns ist überzeugt, daß der Landtag in der Lage sein wird, diese seine Aufgabe innerhalb zwei Jahren zu bewältigen. Zum Zwecke der Wahl des Landtags erläßt die Regierung des Volksstaats Bayern die nachstehende

Wahlordnung für den neuen bayerischen Landtag.

§ 1.

Zur endgültigen Regelung der Verhältnisse des Volksstaats Bayern wählt das bayerische Volk in allgemeiner, gleicher, geheimer, unmittelbarer Wahl den neuen bayerischen Landtag.

Das ganze Land bildet einen Wahlkreis.

Die Wahl erfolgt nach den Grundsätzen des Verhältniswahlrechts.

Die Zahl der Abgeordneten beträgt 180. Hiervon werden 163 Abgeordnete in einem Wahlgang in den bisherigen Wahlkreisen als Stimmkreisen auf Grund von Wahlvorschlägen gewählt, 17 Abgeordnete auf die einzelnen Wahlvorschläge nach dem Verhältnis ihrer Stimmenzahl im ganzen Lande verteilt.

Die Wahl findet am Sonntag, den 12. Januar 1919, statt.

Abs. 2 und 4. Daß die Wahl in einem Wahlkreis, aber in 133, den früheren Wahlkreisen entsprechenden Stimmkreisen erfolgt, ist kein Widerspruch.

Als Wahlkreis, der für die Zusammenstellung der Stimmen und die Feststellung des Wahlergebnisses von Bedeutung ist, kommt nur das ganze Staatsgebiet in Betracht. Die alten Wahlkreise dagegen hat die Wahlordnung nur zu dem Zweck übernommen, um den Parteien die Abgrenzung der Wirkungskreise der einzelnen Bewerber zu erleichtern. Die von den Parteien und Interessengruppen aufgestellten Wahlvorschläge gelten daher fürs ganze Land und die für die einzelnen Bewerber, wie auch für die gesamten Vorschläge abgegebenen Stimmen werden für das ganze Land zusammengestellt. Insofern unterscheidet sich die bayerische Wahlordnung wesentlich von der Regelung für die Wahlen zur deutschen Nationalversammlung, für welche Bayern in 4 Wahlkreise eingeteilt worden ist, in denen außerdem nach Listen (und zwar nach gebundenen Listen) gewählt wird. Folgerichtiger ist jedenfalls die Ausschaltung jeglicher Wahlkreiseinteilung. Dadurch kommen auch die großen Vorzüge des Verhältniswahlverfahrens erst voll zur Geltung, denn zunächst ist es schon nicht leicht, die Wahlkreise, denen immer eine gewisse Bezirkseinteilung zugrund gelegt werden muß, so einzuteilen, daß in allen Wahlkreisen auf die gleiche Bevölkerungsziffer ein Abgeordnetensitz trifft. So treffen z. B. für die Wahlen zur deutschen Nationalversammlung in Oberbayern und Schwaben auf 1 Abgeordneten 154794, in Niederbayern und der Oberpfalz dagegen nur 147179 Einwohner. Dazu kommt ferner, daß infolge der verschiedenen Wahlbeteiligung in den verschiedenen Wahlkreisen auf den einzelnen gewählten Abgeordneten häufig eine ganz verschiedene durchschnittliche Wählerzahl trifft, wodurch Gegenden mit hoher Wahlbeteiligung gegenüber anderen Gegenden benachteiligt werden.

In früherer Zeit hat man deshalb die Verhältniswahl sich stets nur einheitlich für das ganze Wahlgebiet ohne Wahlkreiseinteilung gedacht. Erst in neuerer Zeit kam man dazu, sie mit Beibehaltung dieser Einteilung durchzuführen, weil man die Vertretung der örtlichen Interessen durch die in bestimmten Wahlkreisen gewählten Abgeordneten nicht missen wollte.

Die bayerische Wahlordnung hat nun ein System gewählt, das die Möglichkeit örtlicher Interessenvertretung, die gewiß ihre gute Berechtigung hat, mit den Vorteilen der Anwendung des Verhältniswahlverfahrens in seiner vollen Folgerichtigkeit, also ohne Wahlkreiseinteilung, verbindet. Sie hat hiezu das System der „einnamigen Wahl mit Listenkonkurrenz" eingeführt (siehe § 24 der Wahlordnung), das die Heimatkandidaten nicht nur ermöglicht, sondern sogar voraussetzt. Nach diesem Verfahren hat nämlich der einzelne Wähler seine Stimme nicht, wie im Reich, für eine Liste von Bewerbern, sondern für einen einzelnen Bewerber abzugeben. Jede Partei oder Interessengruppe hat bei diesem Verfahren ihre Bewerber zwar fürs ganze Land aufzustellen, dabei aber, um die Durchführung der einnamigen Wahl den Wählern möglichst zu erleichtern, für jeden der früheren Wahlkreise, die jetzt Stimmkreise genannt werden, einen Bewerber besonders zu bezeichnen, der in diesem Bezirk den Parteiangehörigen zur Wahl empfohlen wird. In diesem Stimmkreis — nicht Wahlkreis, denn Wahlkreis ist ja das ganze Land — hat der Bewerber, wie bisher bei der Verhältniswahl, sich seinen Parteiangehörigen vorzustellen, zu arbeiten und Anhänger zu werben. Die Parteien können dabei für die einzelnen Gegenden immer die Bewerber aufstellen, die sie hier gerade für besonders zugkräftig halten. Auch können dadurch alte Beziehungen weiter gepflegt und erhalten werden. Jeder Wähler hat dann bei der Wahl nur für einen Bewerber zu stimmen, der in einem der öffentlich bekannt gemachten Wahlvorschläge enthalten ist. Er wird sich zweckmäßig an den von seiner Partei für den betreffenden Stimmkreis vorgeschlagenen Bewerber halten, ist aber hieran nicht gebunden. Durch dieses Verfahren wird der Übergang von dem bisherigen Wahlverfahren in das neue Verfahren sicher erheblich erleichtert, da der Unterschied bei der Vorbereitung der Wahl und der Wahl selbst für die Wähler wenigstens gar nicht in die Augen fällt, sehr zum Unterschied von der Reichswahl, bei der durch die Wahl einer längeren Liste von Bewerbern der Wähler sofort auf die Veränderung aufmerksam wird. Deshalb ist es übrigens auch unbedenklich, bei den beiden Wahlen verschiedene Systeme anzuwenden, da das Verfahren bei der Landtagswahl sich für den Wähler an das bisherige Verfahren anschließt. Erst wenn die in dem Stimmbezirk abgegebenen Stimmen gezählt sind, tritt die Veränderung des Systems gegen früher in die Erscheinung. Die Stimmen, die die Kandidaten durch ihre Werbetätigkeit und Werbekraft im einzelnen Stimmbezirk und Stimmkreis sammeln, werden nämlich nicht nur im Stimmkreis für den einzelnen Bewerber, sondern auch für den ganzen Wahlvorschlag, dem der Bewerber angehört, und fürs ganze Land zusammengestellt. Nach der Zahl der Stimmen, die der einzelne Wahlvorschlag auf sich vereinigt, bemißt sich dann die Zahl der Sitze, die er zu beanspruchen hat und nach der Zahl der Stimmen, die die einzelnen Bewerber erhalten haben, bemißt sich ihre Reihenfolge für den Anspruch auf die Abgeordnetensitze, also die Entscheidung über ihre Wahl oder Nichtwahl.

Die Abgrenzung der Tätigkeitsgebiete der einzelnen Bewerber, also der Stimmkreise, könnte an sich ganz gut den Parteien überlassen werden. Sie hätten dann, je nach ihrer Stärke in den verschiedenen Gegenden, die Tätigkeitsgebiete der Bewerber selbst größer oder kleiner zu bestimmen. Dann wäre aber bei den verschiedenen Parteien mit sehr verschiedenen örtlichen Abgrenzungen zu rechnen, wodurch zumal bei der Kürze der Vorbereitungszeit und der Neuheit der Sache Verwirrung unter den Wählern entstehen könnte. Die Wahlordnung hat daher die bestehenden Wahlkreise als Stimmkreise übernommen, wobei sie allerdings auch die zweimännigen Wahlkreise, die bei der Kürze der Zeit nicht ausgemerzt werden konnten, als Schönheitsfehler mitübernehmen mußte. Die Parteien sind also einer besonderen Abgrenzung der Tätigkeitsgebiete ihrer Bewerber überhoben, und die Wähler wissen, woran sie sind. Wenn einer Partei ein Stimmkreis für einen

Bewerber mit Rücksicht auf ihre geringe Verbreitung daselbst zu klein erscheint, kann sie den Bewerber auch anderwärts noch aufstellen. Der Wähler ist übrigens an die für seinen Stimmkreis aufgestellten Bewerber nicht gebunden, sondern er kann statt des von der Partei empfohlenen Bewerbers auch einen andern Bewerber aus dem Wahlvorschlag seiner Partei wählen, ohne daß dadurch seine Stimme der Partei verloren geht. Denn als Grundsatz gilt, daß ganz Bayern ein Wahlkreis ist, und jeder in diesem Wahlkreis aufgestellte Bewerber überall gültig gewählt werden kann. Es ist deshalb auch durchaus kein Mißverhältnis, wenn nach dem Endwahlergebnis etwa in einem Stimmkreis keiner der hier besonders aufgestellten Bewerber gewählt wird, oder aus einem andern Stimmkreis mehrere Bewerber gewählt werden, oder wenn ein schließlich durch Stimmen aus andern Stimmkreisen gewählter Bewerber in einem Stimmkreis nur wenig Stimmen erhalten hat. Denn der gewählte Abgeordnete ist nicht etwa als ausschließlicher Vertreter seines Stimmkreises anzusehen, sondern er ist auf Grund der Parteistimmen im ganzen Land gewählt.

Neben den 163 Abgeordneten aus den 133 Stimmkreisen sieht der § 1 auch noch 17 weitere Abgeordnete vor, die gewissermaßen als Landesabgeordnete ohne örtliche Beziehungen anzusehen sind. Über die Verteilung dieser Sitze vgl. unten § 38. Den Parteien ist dadurch die Möglichkeit gegeben, Bewerber, die im regelmäßigen Wahlgang nicht gewählt wurden, auf deren Arbeitskraft sie aber Wert legen, nachträglich noch für den Landtag zu gewinnen.

I. Wahlrecht.

§ 2.

Wahlberechtigt sind am Orte ihres Wohnsitzes in Bayern alle männlichen und weiblichen Personen, die am Tage der Wahl

1. das 20. Lebensjahr zurückgelegt haben,
2. die bayerische Staatsangehörigkeit besitzen.

Am Tag der Wahl 20 Jahre alt, d. h. spätestens am 12. Januar 1899 geboren.

Da die Aufgabe des Landtages die Regelung der besonderen bayerischen Verhältnisse ist, kann das Wahlrecht nur bayerischen Staatsangehörigen zugestanden werden. Alle andern bisher bestandenen Voraussetzungen, auch Steuerentrichtung und Leistung des Verfassungseides, sind weggefallen.

§ 3.

Von der Berechtigung zum Wählen ist ausgeschlossen:

1. wer entmündigt ist oder unter vorläufiger Vormundschaft steht,
2. wer infolge eines rechtskräftigen Urteils die bürgerlichen Ehrenrechte nicht besitzt.

Siehe Bemerkung zu § 4 des RWG. Wer nur unter Pflegschaft steht, ist wahlberechtigt.

§ 4.

Die Ausübung des Wahlrechts ist bedingt durch den Eintrag in die Wählerlisten. Der Eintrag erfolgt am Orte des Wohnsitzes des Wahlberechtigten, für beim Heere befindliche Militärpersonen am Standort ihres Truppenteils.

Wahlberechtigte Staatsbeamte und staatliche Arbeiter, die ihren dienstlichen Wohnsitz im Auslande haben, können mit ihren wahlberechtigten Angehörigen, die mit ihnen in Familiengemeinschaft wohnen, die Eintragung in die Wählerliste der nächstgelegenen bayerischen Gemeinde beantragen. Diese hat dem Antrage stattzugeben, wenn sonst keine Bedenken gegen die Wahlberechtigung bestehen.

Wahlberechtigte, die erst nach Ablauf der Einspruchsfrist an einem Orte Wohnsitz genommen haben, werden an diesem zur Wahl zugelassen, wenn sie durch eine Bestätigung ihrer bisherigen Wohnsitzgemeinde nachweisen, daß sie dort in der Wählerliste eingetragen waren und wegen des Wegzuges darin gestrichen worden sind.

Wahlberechtigte Kriegsteilnehmer, die durch eine Bestätigung ihres Truppenteils nachweisen, daß sie infolge Militärdienstleistung erst nach Ablauf der Einspruchsfrist an den Standort ihres Truppenteils oder an ihren Wohnsitz gelangen und bis dahin nicht in eine Wählerliste eingetragen werden konnten, werden an diesem Orte zur Wahl zugelassen.

Die Wahlberechtigten haben die Bestätigungen nach Abs. 3 und 4 vor der Abstimmung der Gemeindebehörde des Wahlorts vorzulegen. Diese hat sie zu sammeln und den Wahlberechtigten einen Ausweis für die Zulassung zur Wahl auszustellen.

Wohnsitz siehe Bemerkung zu § 9 des RWG. Strafgefangene haben keinen Wohnsitz am Orte der Strafverbüßung.

Lazarettpfleglinge sind, wenn ihr Aufenthalt von längerer Dauer ist, am Ort des Lazaretts wahlberechtigt.

Abs. 2. Diese Ausnahme wird für mehrere Hundert in Österreich wohnende Angehörige des Bahn- und Zollpersonals von Bedeutung sein. Da sie immer ganz nahe der Grenze bedienstet sind, macht ihre Eintragung in bayerische Wählerlisten keine Schwierigkeiten.

Abs. 3. Der rechtzeitige Eintrag in der Wählerliste kann derzeit manchmal unmöglich sein, da die Verhältnisse auf dem Arbeitsmarkt manchen Wahlberechtigten zwingen können, den Wohnsitz kurz vor der Wahl zu wechseln, um andere Arbeit zu suchen. Der Verlust des Wahlrechtes hiedurch ist durch Abs. 3 ausgeschlossen.

Bis zum Ablauf der Einspruchfrist kann der Wähler durch Einspruch den Eintrag in die Liste des neuen Wohnsitzes erreichen, nachher auf dem Wege des Abs. 3.

Abs. 4. Derselbe Ausweg wird für Kriegsteilnehmer eröffnet, die nicht rechtzeitig vor der Wahl in die Heimat kommen können.

Abs. 5. Die Bestätigungen nach Abs. 3 und 4 sind nicht dem Wahlvorsteher im Wahlraum, sondern der Gemeindebehörde zur Ausstellung eines besonderen Ausweises vorzulegen. Mit diesem Ausweis ist die Zulassung zur Wahl beim Wahlvorsteher zu beantragen. Der Wähler wird dann in der Wählerliste nachgetragen.

§ 5.

Wählbar zum Abgeordneten ist ohne Unterschied des Geschlechts jeder wahlberechtigte bayerische Staatsangehörige, der im Zeitpunkte der Wahl das 25. Lebensjahr zurückgelegt hat.

Die Eigenschaft als Abgeordneter geht verloren, sobald eine der Voraussetzungen der Wählbarkeit wegfällt.

Zum Unterschied vom Reichsrecht ist das 25. Lebensjahr, aber nicht der Besitz der Staatsangehörigkeit seit einem Jahr verlangt.

§ 6.

Die Bestechung der Wähler hat, vorbehaltlich der Bestimmungen des Strafgesetzbuches, die Ungültigkeit der Wahl zur Folge, soweit sie die Bestechenden und Bestochenen betrifft.

II. Vorbereitung der Wahl.

(Stimmbezirke, Wählerlisten, Wahlvorschläge.)

§ 7.

Zur Leitung der Wahl wird der Präsident des Verwaltungsgerichtshofs als Landes-Wahlkommissär bestellt.

Als seine Vertreter gelten seine gesetzlichen Stellvertreter nach ihrem Dienstalter.

§ 8.

Zum Zwecke der Stimmabgabe wird das Land in 133 Stimmkreise entsprechend den bisherigen Wahlkreisen eingeteilt.

Die Distriktsverwaltungsbehörden, in München der Stadtmagistrat, teilen außerdem ihre Verwaltungsbezirke in Stimmbezirke ein, nötigenfalls im Benehmen mit den Nachbarbehörden.

Die Stimmbezirke sollen möglichst mit den Gemeindebezirken zusammenfallen, soferne nicht bei größeren oder aus mehreren Ortschaften bestehenden Gemeinden eine Unterabteilung angezeigt ist. Dann ist die Einteilung in Bezirke, Distrikte oder Ortschaften zugrunde zu legen. Kleinere Gemeinden können mit anderen oder mit Teilen größerer Gemeinden zu einem Stimmbezirke vereinigt werden.

Ein Stimmbezirk soll durchschnittlich 2500 Einwohner, höchstens 3500 Einwohner nach der Volkszählung vom 1. Dezember 1910 umfassen.

Abs. 1. Über die Stimmkreise siehe Bemerkung zu § 1 Seite 82.

S t i m m b e z i r k e siehe Bemerkung zu § 9 der Reichswahlordnung. Die Übernahme der Durchschnittsgröße des Stimmbezirks mit 2500 Einwohnern aus den Vorschriften des Reichs soll nicht etwa zu einer Vergrößerung der Stimmbezirke führen. Vielmehr ist eine Verkleinerung gegen die Einteilung bei früheren Wahlen sehr am Platze. Oberster Grundsatz muß nicht die Einhaltung der Durchschnittsgröße, sondern die Erleichterung der Stimmabgabe sein. Die Einteilung der Stimmbezirke ist nur Mittel zum Zweck, den Wählern die Stimmabgabe vollständig zu ermöglichen und möglichst leicht zu machen. Vgl. MinBek. vom 12. Dez. 1918 (Staatsanzeiger vom 14. Dezember 1918).

§ 9.

Die Gemeindebehörden haben für jede Gemeinde, wenn aber die Gemeinde zu mehreren Stimmbezirken gehört, für jeden Gemeindeteil oder jeden Stimmbezirk eine Wählerliste doppelt anzulegen.

Die Wählerlisten können nach Geschlechtern getrennt angelegt werden.

Darin sind unter fortlaufender Nummer in alphabetischer Ordnung alle Wahlberechtigten des Stimmbezirks nach Vor- und Zunamen, Geburtsjahr, Beruf oder Stand, Wohnort oder Wohnung, nebst einem Vermerk über etwaige Wahlausschließungsgründe einzutragen. Die Listen dürfen auch nach Bezirken, Distrikten, Straßen oder Hausnummern angelegt werden. Dann genügt es, wenn die Wahlberechtigten für einen Bezirk, Distrikt, Buchstaben oder eine Straße fortlaufend numeriert werden.

Personen, bei denen Ausschließungsgründe nach § 3 bestehen, sind in die Liste nur dann aufzunehmen, wenn der Ausschließungsgrund zur Zeit der Wahl weggefallen sein kann oder wird.

Bei Gemeinden, die in mehrere Stimmbezirke geteilt sind, ist die Wohnung des Wählers genau zu bezeichnen.

Änderungen in der Wählerliste von der Auslegung bis zum Abschluß oder während der Wahl müssen durch eine mit Datum und Unterschrift zu versehende Bemerkung begründet werden.

Alle Behörden, Standesämter und Pfarrämter sind verpflichtet, alle Aufschlüsse sofort unentgeltlich zu erteilen.

Befinden sich in einer Gemeinde zur Zeit der Wahl größere Truppenverbände, so kann die Gemeindebehörde die Anfertigung der Wählerliste hierfür der zuständigen Militärstelle übertragen. Diese hat dann die Listen nach vorstehenden Bestimmungen herzustellen und der Gemeindebehörde am 3. Januar 1919 zuzustellen.

Für den Fall, daß sich am Wahltag noch größere geschlossene Truppenverbände außerhalb Bayerns befinden, bleibt der Erlaß einer besonderen Bestimmung vorbehalten, wonach die Angehörigen dieser Truppenverbände nach ihrer Rückkehr, gegebenenfalls zugleich mit den Kriegsgefangenen, die erst nach dem Wahltag zurückkehren, in einer besonderen Nachwahl Abgeordnete zum Landtag wählen.

Über die Unterlagen für die Herstellung der Wählerlisten siehe Bemerkung zu §§ 1 ff. der ReichswahlO.

Abs. 2. Wenn nach Geschlechtern getrennte Wählerlisten angelegt werden, können auch getrennte Wahlräume innerhalb eines Stimmbezirks bestimmt werden (siehe § 19 Abs. 2 der bayer. WO.).

Abs. 8. Es empfiehlt sich für die Gemeindebehörden, den Militärstellen die Herstellung der Wählerlisten für Kasernen und Massenquartiere zu übertragen, weil die Gemeindebehörde bei der Anfertigung der Listen ohnehin die Hilfe der Militärstellen brauchen würde. Für Militärpersonen in Bürgerquartieren empfiehlt sich die Anwendung dieser Bestimmung nicht. Auch erstreckt sie sich nicht auf Militärpersonen, die in Privatwohnungen wohnen.

Vom 4. Januar 1919 an sind solche Listen mit den von der Gemeindebehörde hergestellten öffentlich auszulegen. Abs. 9 entspricht dem § 9 Abs. 5 des ReichswahlG.

§ 10.

Die Wählerlisten sind vom 4. Januar 1919 an 3 Tage lang zu jedermanns Einsicht öffentlich auszulegen. Ort und Zeit der Auslegung sind zuvor in ortsüblicher Weise öffentlich bekanntzumachen. Dabei ist darauf hinzuweisen, daß Einsprüche gegen die Listen bei Meidung des Ausschlusses binnen 3 Tagen nach dem Beginn der Auslegung bei der Gemeindebehörde, welche die Bekanntmachung erlassen hat, anzubringen sind. Wenn sie auf einen Einspruch hin nicht Abhilfe schafft, hat sie den Einspruch sofort der Aufsichtsbehörde vorzulegen, die hierüber bis längstens 9. Januar 1919 — vorbehaltlich der Prüfung der Wahlen durch den Landtag — endgültig zu entscheiden hat. Die Entscheidungen sind den Beteiligten durch die Gemeindebehörde zu eröffnen und in der Wählerliste vorzumerken.

In der Bekanntmachung über die Auslegung der Wählerlisten ist auch darauf hinzuweisen, daß ein Wahlberechtigter, der vor Ablauf der Auslegungsfrist in einen anderen Stimmbezirk verzogen ist, die Übertragung seines Namens in die Liste seines neuen Wohnsitzes zu beantragen hat.

Die Auflage- und Einspruchfrist mußte stark abgekürzt werden, ebenso die Frist zur Bescheidung der Einsprüche, damit die Wahl des Landtages am 12. Januar möglich ist.

Die Gemeinden müssen deshalb die Geschäftsräume am 4., 5. und 6. Januar 1919 von 8—7 Uhr offen halten und dabei ständig Gelegenheit zur Einspruchseinlegung geben, auch auf beschleunigte Erledigung der Einsprüche bis zum Abschluß der Listen am 10. Januar bedacht sein. Damit alle Einsprüche rechtzeitig erledigt werden können, wird die Erledigung stets auf kürzestem Wege zu erfolgen haben und möglichst ausgiebiger Gebrauch vom Fernsprecher zu machen sein.

Zu Abs. 2. Eine Ausnahme ist nur bei Wohnsitzwechsel innerhalb einer Gemeinde mit mehreren Stimmbezirken in § 27 Abs. 4 vorgesehen.

§ 11.

Am 10. Januar 1919 schließt der Bürgermeister die Listen ab mit der Bestätigung, daß und wie lange sie öffentlich aufgelegt wurden, und daß die Bekanntmachung hierüber und ebenso die in § 19 vorgeschriebenen Bekanntmachungen rechtzeitig erfolgt sind. Von da an sind Änderungen der Listen — abgesehen von der Streichung eines Wählers nach § 4 Abs. 3 — bis zum Wahltag unzulässig. Auch am Wahltag sind Änderungen nur dann zulässig, wenn ein Wähler bis dahin die bayerische Staatsangehörigkeit verloren hat, oder Wahlausschließungsgründe wegfallen, eingetreten oder bekannt geworden sind, oder wenn ein Wähler auf Grund von Ausweisen nach § 4 Abs. 5 nachgetragen wird.

Die eine Liste hat der Bürgermeister zu verwahren, die andere dem Wahlvorsteher zuzustellen. Auf dieser hat er die völlige Übereinstimmung mit der Urschrift zu bestätigen. Wenn ein Stimmbezirk aus mehreren Gemeinden oder Gemeindeteilen besteht, hat der Wahlvorsteher die Wählerlisten zusammenzuheften.

§ 12.

Bei dem Landes-Wahlkommissär sind spätestens am 29. Dezember 1918 die Wahlvorschläge einzureichen.

Jeder Wahlvorschlag muß enthalten:

1. die Kennzeichnung durch Angabe der Parteiangehörigkeit der Bewerber oder durch ein sonstiges Kennwort. Fehlt die Kennzeichnung, so wird der Wahlvorschlag nach dem Namen des ersten Bewerbers genannt;

2. die Angabe der — höchstens 180 — Bewerber nach Vor- und Zuname, Alter, Stand oder Beruf, Wohnort und Wohnung, und des Stimmkreises oder der Stimmkreise, in denen der einzelne Bewerber aufgestellt wird. Kein Vorschlag braucht sich auf alle Stimmkreise zu erstrecken. Jeder Bewerber darf nur in einem Wahlvorschlag und darin auch nur einmal vorgeschlagen werden; er kann aber zu gleicher Zeit für mehrere Stimmkreise vorgeschlagen werden. Die sämtlichen Bewerber eines Wahlvorschlages müssen in erkennbarer Reihenfolge aufgeführt sein;

3. mindestens 50 Unterschriften der Personen, die den Wahlvorschlag einreichen, mit Angabe ihres Standes oder Berufes, Wohnort und Wohnung;

4. die Bezeichnung eines, wenn möglich, in München wohnhaften Unterzeichners als Ver-

trauensmann der übrigen Unterzeichner. Fehlt diese Angabe oder ist der Vertrauensmann verhindert, so gelten die Unterzeichner der Reihenfolge nach als Vertrauensmänner. Soll ein Vertrauensmann später durch eine andere Person ersetzt werden, so ist hierzu die Erklärung von mehr als der Hälfte der Unterzeichner erforderlich. Der Vertrauensmann gilt als befugt, die zur Ergänzung oder Berichtigung des Wahlvorschlages nötigen Verfügungen des Landes-Wahlkommissärs oder Landes-Wahlausschusses entgegenzunehmen und die hierzu erforderlichen Erklärungen abzugeben.

Ist ein etwaiger Mangel nicht längstens am 5. Januar 1919 behoben, so ist der Wahlvorschlag insoweit ungültig, als der Mangel besteht.

Siehe Bem. zu § 11 des ReichswahlG.

Zu Ziff. 1. Neu gegenüber dem Reich ist das Verlangen der Kennzeichnung der Wahlvorschläge, um eine leichtere Unterscheidung zu ermöglichen.

Zu Ziff. 2. Kein Vorschlag muß etwa 180 Bewerber enthalten. Parteien, die nur auf eine geringere Zahl von Sitzen rechnen, werden sich zweckmäßig damit begnügen, eine die erhoffte Sitzezahl mäßig übersteigende Bewerberzahl vorzuschlagen.

Zu Ziff. 4. Daß der Vertrauensmann in München wohnt, ist außer für die rasche Bereinigung etwaiger Anstände bei den Wahlvorschlägen auch deshalb erwünscht, weil sämtliche Vertrauensmänner Mitglieder des Landes-Wahlausschusses sind.

Als Bewerber, Unterzeichner und Vertrauensmänner können auch Frauen auftreten.

§ 13.

Als Anlagen sind dem Wahlvorschlag beizugeben:

1. gemeindliche Bestätigungen über das Alter der Bewerber und ihren Eintrag in der Wählerliste,
2. gemeindliche Bestätigungen über den Eintrag der Unterzeichner des Wahlvorschlages in der Wählerliste,
3. die gemeindeamtlich beglaubigte Erklärung der Bewerber, daß sie der Aufnahme ihrer Namen in den Wahlvorschlag zustimmen.

Die Gemeindebehörden haben diese Bestätigungen gebührenfrei auszustellen.

Werden diese Nachweise nicht spätestens am 5. Januar 1919 beigebracht, so ist der Wahlvorschlag insoweit ungültig, als der Mangel besteht.

Die Anlagen sind verlangt, um dem Landes-Wahlkommissär die notwendige rasche Prüfung der Wahlvorschläge zu ermöglichen.

Zu Ziff. 3 siehe Bem. zu § 11 des RWG unter Ziff. 1.

§ 14.

Mehrere Wahlvorschläge können verbunden werden. Die Verbindung muß von den Unterzeichnern der Wahlvorschläge oder ihren Vertrauensmännern spätestens am 5. Januar 1919 beim Landes-Wahlkommissär schriftlich erklärt werden.

Jeder Wahlvorschlag darf nur mit einer Gruppe von Wahlvorschlägen verbunden werden.

Die verbundenen Wahlvorschläge gelten bei Berechnung des Wahlergebnisses den anderen Wahlvorschlägen gegenüber als ein Wahlvorschlag. Verbundene Wahlvorschläge können nur gemeinschaftlich abgeändert oder zurückgenommen werden. Die Verbindung kann auch nur gemeinschaftlich aufgehoben werden.

Hinsichtlich der Verbindungen siehe S. 11 u. 61. Hervorgehoben sei, daß eine durch Verbindung mehrerer Wahlvorschläge entstandene Gruppe von solchen sich dann noch weiter mit andern Wahlvorschlägen oder Gruppen zu einer neuen Gruppe verbinden kann. Doch darf sich ein Wahlvorschlag nicht an verschiedenen, nicht miteinander verbundenen Gruppen beteiligen.

Die erforderlichen gemeinschaftlichen Erklärungen sind gemeinsam von den Vertrauensmännern abzugeben, soweit die Vertrauensmänner zur Erklärung an sich befugt sind.

§ 15.

Der Landes-Wahlkommissär prüft die bei ihm rechtzeitig eingereichten Wahlvorschläge und fordert die Vertrauensmänner zur Beseitigung der hierbei festgestellten Mängel auf. Alle Mängel der Wahlvorschläge müssen spätestens am 5. Januar 1919 beseitigt sein. Bewerber, welche auf mehreren Wahlvorschlägen enthalten sind, müssen bis zum gleichen Tag dem Landes-Wahlkommissär erklären, für welchen Wahlvorschlag sie sich entscheiden.

Die vorläufige Prüfung der Wahlvorschläge durch den L.-W.-Kommissär hat den Zweck, den Parteien und Interessengruppen bei der Aufstellung der Vorschläge an die Hand zu gehen, damit sie etwaige Mängel derselben noch rechtzeitig vor der endgültigen Beschlußfassung durch den L.-Wahlausschuß abstellen können. Zum Schlußsatz siehe § 11 Abs. 4 des RWG.

§ 16.

Nach Ablauf der Frist für die Beseitigung von Mängeln entscheidet der Landes-Wahlausschuß endgültig über die Zulassung und Gültigkeit der Wahlvorschläge und ihrer Verbindungen.

Der Landes-Wahlausschuß besteht aus dem Landes-Wahlkommissär und den Vertrauensmännern, die auf den sämtlichen bei ihm rechtzeitig eingereichten Wahlvorschlägen bezeichnet sind. Der Landes-Wahlkommissär hat sie durch Handschlag an Eidesstatt auf unparteiische und gewissenhafte Erfüllung ihrer Obliegenheiten zu verpflichten. Der Landes-Wahlausschuß beschließt mit Stimmenmehrheit, bei Stimmengleichheit entscheidet der Landes-Wahlkommissär. Über die Verhandlungen des Landes-Wahlausschusses führt ein vom Landes-Wahlkommissär bestimmtes Mitglied eine Niederschrift.

Die endgültige Entscheidung über die Zulassung der Wahlvorschläge steht dem L.-Wahlausschuß zu. Diese Prüfung der Wahlvorschläge und ihre gewissermaßen amtl. Genehmigung hat den Zweck, daß nur solche Wahlvorschläge zur Wahl gestellt werden, die der Form nach einwandfrei sind, damit nicht bei der Wahl größere Stimmenmengen wegen Verstößen der Wahlvorschläge gegen vielleicht unerhebliche Formvorschriften als ungültig erklärt werden müssen.

§ 17.

Wahlvorschläge und Verbindungserklärungen, die verspätet eingereicht sind oder den aufgestellten

Anforderungen nicht genügen, sind zurückzuweisen. Wenn die Anforderungen nur hinsichtlich einzelner Bewerber nicht erfüllt sind, werden ihre Namen aus den Wahlvorschlägen gestrichen, ebenso die Namen der über die zulässige Zahl hinaus vorgeschlagenen Bewerber.

In einem Wahlvorschlag mehrfach aufgeführte Namen gelten als einmal vorgeschlagen. Auf mehreren Wahlvorschlägen verzeichnete Namen werden gestrichen.

Die Entscheidungen sind dem auf dem Wahlvorschlag benannten Vertrauensmann unter Angabe der Gründe schriftlich zu eröffnen.

Stimmen, die auf Bewerber aus zurückgewiesenen Wahlvorschlägen oder Bewerber entfallen, deren Namen auf zugelassenen Wahlvorschlägen gestrichen wurden, sind ungültig (§ 31 Ziff. 8 unten).

§ 18.

Am 7. Januar 1919 hat der Landes-Wahlkommissär sämtliche bei ihm eingereichten, vom Landes-Wahlausschuß als gültig anerkannten Wahlvorschläge in der Reihenfolge des Einlaufs bei ihm mit den Angaben in § 12 Abs. 2 Ziff. 1 und 2, ferner die Verbindung von Wahlvorschlägen im „Bayer. Staatsanzeiger" bekannt zu geben und die Bedeutung der Wahlvorschläge und ihrer Verbindung dabei kurz zu erläutern.

Nach der Bekanntgabe ist auch die Zurücknahme der Wahlvorschläge und ihrer Verbindungen unzulässig.

III. Wahl, Stimmenzählung.

§ 19.

Die Distriktsverwaltungsbehörden, in München der Stadtmagistrat, bestimmen für jeden Stimmbezirk den Wahlort und Wahlraum, soweit möglich in gemeindlichen oder sonstigen öffentlichen Gebäuden, und für jeden Wahlraum je einen Wahlberechtigten als Wahlvorsteher und Vertreter hierfür, und geben diese Anordnungen samt der Abgrenzung der Stimmbezirke, sowie Tag und Stunde der Wahl spätestens am 4. Januar 1919 in ihrem Amtsblatt und außerdem durch die Bürgermeister in ortsüblicher Weise bekannt. Sie haben die Wahlvorsteher und ihre Vertreter über ihre Obliegenheiten zu belehren und durch Handschlag an Eidesstatt auf die unparteiische Erfüllung ihrer Obliegenheiten zu verpflichten.

Wenn in einem Stimmbezirk für Männer und Frauen getrennte Wählerlisten angelegt sind, können für beide Geschlechter getrennte Wahlräume bestimmt werden. In den Wahlräumen für Frauen können dann auch Frauen als Wahlvorsteher und Vertreter bestimmt werden.

Der Nachweis der Bekanntmachung im Amtsblatt ist dem Landes-Wahlkommissär zu übersenden.

§ 20.

Der Wahlvorsteher ernennt aus der Zahl der Wahlberechtigten seines Stimmbezirkes einen Schriftführer und drei bis sechs Beisitzer und mindestens zwei Ersatzmänner hierfür und ladet sie spätestens am 9. Januar 1919 ein, bei Beginn der Wahl zur Bildung des Wahlvorstandes zu erscheinen. Erscheint nicht die genügende Anzahl, so ernennt der Wahlvorsteher aus den anwesenden Wahlberechtigten die erforderliche Zahl von Mitgliedern des Wahlvorstandes. Er hat den Schriftführer und die Beisitzer durch Handschlag an Eidesstatt auf unparteiische Geschäftsführung zu verpflichten.

Während der ganzen Wahl müssen mindestens drei Mitglieder des Wahlvorstandes gegenwärtig sein. Darunter muß sich stets der Wahlvorsteher oder der Schriftführer befinden. Ist einer von ihnen vorübergehend abwesend, so ist ein anderes Mitglied des Wahlvorstandes mit seiner Vertretung zu beauftragen.

Der Wahlvorstand entscheidet mit Stimmenmehrheit; bei Stimmengleichheit entscheidet die Stimme des Wahlvorstehers oder seines Vertreters.

Über die Wahl ist eine Niederschrift aufzunehmen und von den sämtlichen mitwirkenden Mitgliedern des Wahlvorstandes zu unterzeichnen.

Wenn der Wahlvorsteher an der Führung der Geschäfte ganz verhindert ist, tritt sein Vertreter ein; ist er aber nur für kurze Zeit abwesend, so hat nicht der Vertreter, sondern ein anderes Mitglied des Wahlvorstands für ihn einzutreten.

Schriftführer und Beisitzer können auch Frauen sein.

§ 21.

Die Wahl beginnt um 9 Uhr vormittags und dauert bis 8 Uhr nachmittags. Um 8 Uhr ist der Wahlraum solange zu sperren, bis die Anwesenden ihre Stimmen abgegeben haben. Nach

8 Uhr dürfen nur noch die um 8 Uhr im Wahlraum schon anwesenden Personen zur Stimmabgabe zugelassen werden.

§ 22.

Wahlberechtigten, die in einem öffentlichen oder privaten Dienst- oder Arbeitsverhältnisse stehen, muß die zum Wählen nötige freie Zeit ohne Abzug am Gehalt oder Lohn gewährt werden.

§ 23.

In jedem Wahlraum ist ein Abdruck dieser Wahlordnung aufzulegen, ebenso die Bekanntmachung des Landes-Wahlkommissärs nach § 18 der Wahlordnung.

Während der Wahlhandlung dürfen im Wahlraume, abgesehen von den Beratungen und Beschlüssen des Wahlvorstandes, weder Beratungen stattfinden, noch Ansprachen gehalten, noch Beschlüsse gefaßt werden.

Während der ganzen Dauer der Wahlhandlung ist den Wahlberechtigten die Anwesenheit im Wahlraum gestattet, soweit es ohne Störung der Wahlhandlung möglich ist. Der Wahlvorstand ist befugt, Personen, welche die Ruhe und Ordnung stören, aus dem Wahlraum zu verweisen. Sie dürfen zuvor ihre Stimme abgeben.

Abs. 3. Unter den Wahlberechtigten sind alle überhaupt in Bayern Wahlberechtigten, nicht nur die in **dem** betreffenden Stimmbezirk Wahlberechtigten zu **verstehen**.

§ 24.

Jeder Wähler kann seine Stimme nur für einen Bewerber, in zweimännigen Stimmkreisen für zwei Bewerber abgeben, deren Name in den vom Landes-Wahlkommissär öffentlich bekanntgegebenen Wahlvorschlägen enthalten ist. Der Wähler ist aber nicht an die darin für seinen Stimmkreis benannten Bewerber gebunden.

Jede Stimme gilt zugleich auch als für die übrigen auf dem gleichen Wahlvorschlag verzeichneten Bewerber abgegeben, für den Fall, daß der Bewerber, für den die Stimme zunächst abgegeben ist, mehr oder weniger Stimmen erhält, als zu seiner Wahl erforderlich ist (§ 35).

Vgl. Bemerkung zu § 1 Seite 82. Abs. 1 bringt den Grundsatz der „einnamigen Wahl", Abs. 2 den der „Listenkonkurrenz" zum Ausdruck. Die Vereinigung der verschiedenen Bewerber einer Parteirichtung auf einen Wahlvorschlag hat den Zweck und die Folge, daß die auf sie fallenden Stimmen nicht nur ihrer eigenen Wahl, sondern auch der ihrer Parteifreunde dienstbar gemacht werden. Die Stimmen, um die ein Bewerber mehr aufbringt, als nach der Verteilungszahl (siehe Seite 12) zu seiner Wahl nötig ist, gehen bei dieser Regelung nicht verloren, ebensowenig aber auch die Stimmen, die auf Bewerber entfallen, die nicht genug Stimmen für ihre Wahl aufbringen. Die Wahlvorschläge dienen gewissermaßen als Ausgleichstellen, als Stimmübertragungskartelle, indem sie alle Stimmen am richtigen Orte zu verwerten gestatten. Die Kandidaten haben bei der einnamigen Wahl also nicht nur ein lebhaftes Interesse, für ihre eigene Wahl Stimmen aufzubringen, sondern sie sind auch Stimmensammler für die Partei.

§ 25.

Die Stimmzettel müssen von weißem Papier und dürfen mit keinem Kennzeichen versehen sein. Sie sollen 9 : 12 Zentimeter groß und von mittelstarkem Schreibpapier sein und sind von dem

Wähler in einem mit amtlichem Stempel versehenen Umschlage, der sonst kein Kennzeichen haben darf, abzugeben. Die Umschläge müssen 12 : 15 Zentimeter groß und aus undurchsichtigem Papier hergestellt sein. Die erforderliche Zahl von Umschlägen ist im Wahlraum bereitzuhalten. Zur Abgabe der Umschläge an die Wahlberechtigten im Wahlraume haben die Gemeinden geeignete Personen zur Verfügung zu stellen. Stimmzettel dürfen im Wahlraum weder aufgelegt noch verteilt werden.

Daß Stimmzettel im Wahlraum nicht mehr aufgelegt oder verteilt werden dürfen, ist aus dem Reichswahlrecht der Einheitlichkeit des Verfahrens wegen übernommen. Siehe § 34 Abs. 2 der RWO.

§ 26.

Durch Bereitstellung eines oder mehrerer Nebenräume, die nur durch den Wahlraum betretbar und unmittelbar mit ihm verbunden sind, oder durch Vorrichtungen an einem oder mehreren von dem Vorstandstische getrennten Nebentischen, ist Vorsorge dafür zu treffen, daß der Wähler seinen Stimmzettel unbeobachtet in den Umschlag legen kann.

§ 27.

Wählen kann jeder Wahlberechtigte, der in der Wählerliste eingetragen ist.

Der Wahlvorstand kann im Zweifelsfalle einen Ausweis über die Person des Wählers verlangen.

Nur in den Fällen des § 4 Abs. 3 und 4 dürfen auch in der Wählerliste nicht eingetragene, mit entsprechendem Ausweis der Gemeindebehörde versehene Wahlberechtigte zur Wahl zugelassen werden. Sie sind dann in der Wählerliste nachzutragen. Die Ausweise sind der Niederschrift über die Wahl beizufügen.

Wahlberechtigte, welche nach Anlegung der Wählerliste innerhalb des Gemeindebezirkes ihres bisherigen Wohnsitzes in einen anderen Stimmbezirk verzogen sind, sind in dem Stimmbezirk zur Wahl zuzulassen, in dessen Wählerliste sie eingetragen sind. Wahlberechtigte mit mehrfachem Wohnsitz dürfen das Wahlrecht nur in einem Stimmbezirk ausüben.

§ 28.

Die Wahl wird in Person durch nicht unterschriebene Stimmzettel ausgeübt, die der Wähler dem Wahlvorsteher eigenhändig, oder wenn er durch ein körperliches Gebrechen hieran gehindert ist, unter Beihilfe einer Vertrauensperson zu übergeben hat.

Zur Verwahrung der Stimmzettel dient eine Wahlurne; sie muß so beschaffen sein, daß das Wahlgeheimnis gesichert ist und muß den Anforderungen in § 33 der Wahlordnung für die Wahlen zur verfassunggebenden deutschen Nationalversammlung entsprechen. Vor dem Beginn der Wahl hat sich der Wahlvorstand davon zu überzeugen, daß die Urne leer ist. Von da an darf sie bis zur Herausnahme der Umschläge mit den Stimmzetteln nach Schluß der Abstimmung nicht mehr geöffnet werden.

Wegen der Wahlurne siehe § 33 der RWO. S. 49.

§ 29.

Der Wahlvorsteher leitet die Wahl. Der Wähler, der seine Stimme abgeben will, nimmt einen abgestempelten Umschlag aus der Hand einer Person, die der Wahlvorsteher zu diesem Zwecke in der Nähe des Zugangs zu dem Nebenraum oder Nebentisch aufgestellt hat. Er begibt sich damit in den Nebenraum oder an den Nebentisch, steckt dort seinen Stimmzettel in den Umschlag, tritt an den Tisch des Wahlvorstandes, nennt seinen Namen, auf Erfordern auch seine Wohnung und übergibt den Umschlag mit dem Stimmzettel dem Wahlvorsteher. Dieser prüft die Vorschriftsmäßigkeit des Umschlags und legt ihn ungeöffnet in die Wahlurne, sobald der Name des Wählers in der Wählerliste gefunden ist. Der Schriftführer vermerkt die Stimmabgabe in der Wählerliste.

Stimmzettel, die nicht in einem abgestempelten Umschlag oder in einem mit einem Kennzeichen versehenen Umschlag abgegeben werden, hat der Wahlvorsteher zurückzuweisen, ebenso die Stimmzettel von Wählern, welche sich nicht in den Nebenraum oder an den Nebentisch begeben haben.

Der Wahlvorsteher hat darauf zu achten, daß die Wähler in dem Nebenraum oder an dem Nebentisch nur so lange verweilen, als unbedingt erforderlich ist, um den Stimmzettel in den Umschlag zu stecken.

Abs. 1. Die Wahlumschlagverteiler stellt die Gemeinde zur Verfügung (siehe § 25).

Abs. 2. Die Zurückweisung ist in der Niederschrift über die Wahlhandlung besonders zu bemerken.

§ 30.

Nach dem vom Wahlvorsteher verkündeten Schluß der Stimmabgabe werden die Umschläge zunächst ungeöffnet gezählt und die Zahl mit der Zahl der Abstimmungsvermerke in der Wählerliste verglichen. Eine auch bei wiederholter Zählung sich ergebende Abweichung der Zahl ist in der Niederschrift vorzumerken und möglichst aufzuklären.

Nicht vorschriftsmäßige Umschläge sind samt den darin enthaltenen Stimmzetteln zu den ungültigen Stimmen zu nehmen.

Dann öffnet ein Beisitzer die Umschläge und übergibt die Stimmzettel dem Wahlvorsteher, der sie vorliest und nebst den Umschlägen einem anderen Beisitzer zur Verwahrung weitergibt. Vorher kann er die Zettel so legen, daß möglichst viele gleiche Stimmzettel aufeinander folgen.

Jede abgegebene gültige Stimme ist in der Stimm- und Gegenliste zu verzeichnen, welche der Schriftführer und ein Beisitzer führen und mit dem Wahlvorsteher unterzeichnen.

§ 31.

Ungültig sind Stimmzettel:

1. welche nicht in einem amtlich abgestempelten Umschlag von der vorgeschriebenen Größe und Beschaffenheit oder in einem mit einem Kennzeichen versehenen Umschlage übergeben worden sind,

2. welche nicht von weißem Papier sind oder nicht die vorgeschriebene Größe und Beschaffenheit haben,

3. welche mit einem Kennzeichen versehen sind,

4. welche keinen oder keinen lesbaren Namen enthalten,

5. welche mehr als einen Namen oder bei zweimännigen Stimmkreisen mehr als zwei Namen enthalten,

6. welche außer der Bezeichnung des Gewählten einen weiteren Inhalt haben,

7. aus welchen der Gewählte nicht unzweifelhaft zu erkennen ist,

8. in welchen eine nicht wählbare oder nicht auf einem vom Landes=Wahlkommissär öffentlich bekanntgegebenen Wahlvorschlag enthaltene Person verzeichnet ist.

Ist auf einem Stimmzettel ein Name durchstrichen und dafür ein anderer Name eingetragen, so ist der Zettel gültig.

Mehrere in einem Umschlag enthaltene Stimmzettel gelten als eine Stimme, wenn sie auf den gleichen Namen lauten. Wenn sie auf verschiedene Namen lauten, sind sie auch in zweimännigen Stimmkreisen ungültig.

Ziff. 1. Solche soll der Wahlvorsteher zurückweisen (§ 29 Abs. 2). Wenn sie aus Versehen doch angenommen werden, sind sie ungültig.

Ziff. 3. Kennzeichen siehe Seite 55.

Abs. 2 siehe Seite 56.

§ 32.

Über die Gültigkeit der Stimmzettel und über alle bei der Wahl sich ergebenden Anstände ent=

scheidet — vorbehaltlich der Prüfung durch den Landtag — der Wahlvorstand.

Die Gründe, aus denen ein Stimmzettel für gültig oder ungültig erklärt wird, sind in der Niederschrift kurz anzugeben.

Der Wahlvorstand stellt fest, wieviel gültige Stimmen im Stimmbezirk insgesamt und für jeden Bewerber abgegeben worden sind. Hierzu kann er Hilfsarbeiter beiziehen, die aber nicht Mitglieder des Wahlvorstandes werden. Er gibt das Ergebnis alsbald nach der Feststellung bekannt.

§ 33.

Sofort nach der Stimmenzählung hat der Wahlvorsteher die Niederschrift über die Wahl mit der Stimm- und Gegenliste und den sämtlichen Wählerlisten, den ungültigen Stimmzetteln, den Stimmzetteln, worüber der Wahlvorstand Beschluß gefaßt hat, und den beanstandeten Umschlägen, welche je für sich fortlaufend zu numerieren sind, und endlich mit den etwaigen Ausweisen nach § 4 Abs. 5 dem Landes-Wahlkommissär zu übersenden.

Die gültigen Stimmzettel und Umschläge hat der Wahlvorsteher in Papier zu versiegeln. Die Gemeindeverwaltung des Wahlortes hat sie solange aufzubewahren, bis der Landtag die Wahl als gültig anerkannt hat.

Vorbehaltlich der Prüfung durch den Landtag siehe § 50.

IV. Ermittlung des Wahlergebnisses.

§ 34.

Spätestens am 18. Januar 1919 tritt der Landes-Wahlausschuß im Sitzungssaale des Verwaltungsgerichtshofs zur Ermittlung des Wahlergebnisses zusammen. Ort und Zeit des Zusammentrittes sind zuvor im „Bayer. Staatsanzeiger" bekanntzugeben. § 23 findet auch hier Anwendung.

Zunächst sind die Wahlverhandlungen der einzelnen Stimmbezirke zu prüfen und dann die Wahlergebnisse zusammenzustellen. Dabei ist festzustellen, wieviel gültige Stimmen im ganzen Land insgesamt abgegeben wurden und wieviele von den gültigen Stimmen auf jeden Bewerber, auf jeden Wahlvorschlag und bei Verbindung von Wahlvorschlägen auf die verbundenen Wahlvorschläge im ganzen Land entfallen sind. Die Stimmen in zweimännigen Stimmkreisen sind für jeden Bewerber nur zur Hälfte anzusetzen.

Das Staatsministerium des Innern stellt dem Landes-Wahlausschuß die erforderliche Anzahl von Hilfsarbeitern hierzu zur Verfügung. Sie werden nicht Mitglieder des Landes-Wahlausschusses. Über die Verhandlung ist durch ein vom Landes-Wahlkommissär bestimmtes Mitglied des Landes-Wahlausschusses eine Niederschrift aufzunehmen und vom Landes-Wahlausschuß zu unterzeichnen. Darin sind auch die Bedenken zu erwähnen, zu denen die Wahlen etwa in einzelnen Stimmbezirken Anlaß geben. Zu Anderungen an den in den einzelnen Stimmbezirken festgestellten Ergebnissen ist der Landes-Wahlausschuß nicht befugt.

Wenn auch die Wahlergebnisse noch am Abend des Wahltages in den Stimmbezirken festgestellt werden, erfordert es doch immerhin einige Tage, bis die Wahlverhandlungen aus allen Stimmbezirken des ganzen Landes durch die Post in München eingelaufen sind. Hier läßt sie der Landes-Wahlkommissär zunächst durch seine Hilfsarbeiter prüfen und läßt die Einzelergebnisse der Stimmbezirke, die nur die Abstimmungsergebnisse für die einzelnen Bewerber enthalten, nach Wahlvorschlägen zusammenstellen und damit die Feststellung des Gesamtergebnisses tunlichst vorbereiten, damit der Landes-Wahlausschuß bei seinem Zusammentritt schon ein klares Bild von den Ergebnissen vorfindet. Dieser prüft dann seinerseits die Zusammenstellungen auch noch nach und stellt hierauf die Ergebnisse fest. Daß in zweimännigen Stimmkreisen alle Stimmen nur zur Hälfte angesetzt werden können, leuchtet ohne weiteres ein, weil sonst die Wähler in diesen Stimmkreisen doppelt soviel Stimmen in die Wagschale zu werfen hätten, als in anderen Stimmkreisen. Jedem Wähler in diesen Stimmkreisen wie in anderen von vorneherein nur eine Stimme zu geben, ist deshalb nicht angängig, weil dann nur 133 Abgeordnete gewählt werden, während 163 zu wählen sind. Eine ganz neue Stimmkreiseinteilung für 163 Abgeordnete aber war bei der Kürze der Zeit nicht zu ermöglichen.

Zu dem Schlußsatz siehe Bem. zu § 50 der RWO. Seite 59.

§ 35.

Die Abgeordnetensitze werden auf die Wahlvorschläge nach dem Verhältnis ihrer Stimmen und innerhalb der Wahlvorschläge auf die einzelnen Bewerber nach ihrer Stimmenzahl verteilt.

Hierbei wird verfahren wie folgt:

1. Die Gesamtzahl der gültigen Stimmen wird durch die um 1 vermehrte Zahl der Abgeordnetensitze (164) geteilt. Durch die sich ergebende, auf die nächste ganze Ziffer aufgerundete Zahl (Verteilungszahl) werden die Stimmenzahlen der einzelnen Wahlvorschläge geteilt und jedem Wahlvorschlag soviel Sitze zugewiesen, als diese Teilung ergibt.

2. Werden hierdurch nicht sämtliche Sitze besetzt, so wird die Stimmenzahl jedes Wahlvorschlages durch die um 1 vermehrte Zahl der ihm nach Ziff. 1 zugewiesenen Sitze geteilt. Dem Wahlvorschlag, bei dem sich hierbei die größte Zahl ergibt, wird dann ein weiterer Sitz zugewiesen. Dieses Verfahren wird nötigenfalls entsprechend wiederholt.

3. Die auf jeden Wahlvorschlag entfallenden Sitze werden den darin bezeichneten einzelnen Bewerbern nach der Höhe der auf jeden Bewerber gefallenen Stimmenzahl zugewiesen.

4. Entfallen auf einen Wahlvorschlag mehr Sitze, als er wählbare Bewerber enthält, so werden die überschüssigen Sitze zusammen mit den auf die übrigen Wahlvorschläge entfallenden Sitzen gemäß Ziff. 1 bis 3 von neuem verteilt.

5. Haben mehrere Wahlvorschläge infolge gleicher Teilungsergebnisse auf einen Sitz gleichen Anspruch und würde bei voller Befriedigung der sämtlichen Ansprüche die verfügbare Zahl der Sitze überschritten, so erhält der Wahlvorschlag den Sitz, dessen in Betracht kommender Bewerber die größte Stimmenzahl aufweist. Bei Stimmengleichheit entscheidet das Los.

6. Haben in einem Wahlvorschlag mehrere Bewerber die gleiche Stimmenzahl erhalten und reicht die verfügbare Zahl der Sitze nicht für alle aus, so entscheidet das Los.

Das Verfahren ist, im Gegensatz zu dem bei der Wahl im Reich, bei der das d'Hondt'sche Verfahren Platz greift, das Hagenbach-Bischoff'sche. Es mag ja auffallen, daß auch hiebei nicht einheitliche Bestimmungen für Reich und Land geschaffen wurden. Allein wie schon auf Seite 15 ausgeführt wurde, ist das d'Hondt'sche Verfahren zwar für die Verteilung der kleineren Abgeordnetenzahl der einzelnen Reichswahlkreise möglich und praktisch, für die Verteilung einer so großen Zahl von Mitgliedern aber, wie sie in Bayern in einem Wahlkreis, dem ganzen Land, zu besetzen ist, ist die Hagenbach-Bischoff'sche Methode allein zweckmäßig. Vgl. auch Seite 12.

Ziff. 2. Wenn die Berechnung nach Ziff. 1 nicht zur Besetzung aller Sitze führt, ist dies ein Zeichen, daß die Verteilungszahl (trotz der Vergrößerung des Teilers um 1) noch zu groß ist, also kleiner angenommen werden muß. Dies wird auf die in Ziff. 2 angegebene Weise erreicht. Vgl. das unten ausgeführte Beispiel.

Ziff. 3. Die auf jedem Wahlvorschlag enthaltenen Bewerber werden nach der Höhe ihrer Stimmenzahl geordnet und die dem Wahlvorschlag zugefallenen Stimmen den Bewerbern mit den höchsten Stimmenzahlen zugeteilt.

Ziff. 4. Siehe § 53 der RWO.

Beispiel. Bayern hat etwa 4 000 000 Wähler. Wenn sie alle wählen, beträgt die Verteilungszahl 4 000 000 : 164 = 24 390. Bei 6 Wahlvorschlägen mit den beigefügten Stimmenzahlen ergibt sich folgende Sitzeverteilung:

A	1 300 000	: 24 390	=	53 Sitze
B	1 100 000	: 24 390	=	45 Sitze
C	800 000	: 24 390	=	32 Sitze
D	600 000	: 24 390	=	24 Sitze
E	200 000	: 24 390	=	8 Sitze
			zusammen	162 Sitze.

Ein Sitz bleibt also noch unbesetzt, so daß die Berechnung nach § 35 Ziff. 2 nötig wird.

A 1 300 000 : (53 + 1 =) 54 = 24 074
B 1 100 000 : (45 + 1 =) 46 = 23 913
C 800 000 : (32 + 1 =) 33 = 24 242
D 600 000 : (24 + 1 =) 25 = 24 000
E 200 000 : (8 + 1 =) 9 = 22 222.

Der Wahlvorschlag, bei dem sich die größte Verteilungszahl ergibt, ist C. Er erhält also den 163. Sitz. 24 242 ist dann die richtige Verteilungszahl, die der ganzen Verteilung zugrunde liegt (statt 24 390). Wenn zur Probe der Richtigkeit der sämtlichen Berechnungen die Stimmenzahlen der einzelnen Wahlvorschläge hiedurch geteilt werden, muß sich die ihnen zugeteilte Sitzezahl ergeben.

§ 36.

Verbundene Wahlvorschläge werden bei der Verteilung nach § 35 zunächst als ein Wahlvorschlag behandelt. Zuerst wird daher der ganzen Gruppe die ihrer Gesamtstimmenzahl entsprechende Zahl von Abgeordnetensitzen zugewiesen. Diese Sitze werden dann erst auf die einzelnen Wahlvorschläge nach § 35 verteilt.

Vgl. das Beispiel zu § 52 der RWO. (Seite 61).

§ 37.

Der Landes-Wahlkommissär hat das Ergebnis der Wahl sofort nach der Feststellung unter Bekanntgabe der insgesamt abgegebenen und auf die einzelnen und verbundenen Wahlvorschläge entfallenen gültigen Stimmen und der Namen der Gewählten zu verkünden.

§ 38.

Die schließlich noch zu besetzenden 17 Sitze für Landesabgeordnete werden den einzelnen und verbundenen Wahlvorschlägen nach dem Verhältnis der hierauf entfallenen gültigen Stimmen gleichfalls nach Maßgabe der §§ 35 und 36 zugeteilt.

Die Zahl der auf den einzelnen Wahlvorschlag hiernach noch treffenden Sitze ist dem auf dem Wahlvorschlag bezeichneten Vertrauensmann zu eröffnen mit der Anheimgabe, die Benennung der Abgeordneten aus den auf dem Wahlvorschlag bezeichneten, noch nicht gewählten Bewerbern im Benehmen mit den Unterzeichnern des Wahlvorschlages binnen einer Woche herbeizuführen.

Wird der Name des Gewählten nicht binnen einer Woche benannt, oder enthält ein Wahlvorschlag nicht mehr die nötige Anzahl von Bewerbern, so werden die hiernach unbesetzten Sitze zusammen mit den auf die übrigen Wahlvorschläge nach dieser Bestimmung treffenden Sitze nach Maßgabe der §§ 35 und 36 nochmals neu verteilt.

Siehe die Schlußbemerkung zu § 1 auf Seite 84. Nur Bewerber, die auf den Wahlvorschlägen enthalten, aber noch nicht gewählt sind, können von den Vertrauensmännern als Abgeordnete bezeichnet werden. Auf diese Abgeordneten wird schon bei Einreichung der Wahlvorschläge Rücksicht zu nehmen sein, damit auch für diese Sitze noch genügend Bewerber vorhanden sind und nicht die einem Wahlvorschlag zugeteilten Sitze schließlich anderen Wahlvorschlägen zugute kommen.

§ 39.

Der Landes-Wahlkommissär hat sodann die Namen aller Gewählten durch den „Bayer. Staatsanzeiger“ bekanntzugeben und die Gewählten sofort von der Wahl zu verständigen, mit der Aufforderung, sich über die Annahme der Wahl binnen einer Woche bei ihm zu erklären.

Wird die Annahme nicht binnen einer Woche nach der Bekanntgabe dem Landes-Wahlkommissär gegenüber erklärt, so gilt die Wahl als abgelehnt. Annahme unter Vorbehalt oder Verwahrung gilt gleichfalls als Ablehnung der Wahl. Der Landes-Wahlkommissär hat dann gemäß §§ 41 und 42 das weitere zu veranlassen.

§ 40.

Der Landes-Wahlkommissär hat die sämtlichen Verhandlungen der Stimmbezirke und weiter die bei ihm angefallenen Verhandlungen über die Ermittlung der Wahlergebnisse, sowie die Annahmeerklärungen der Gewählten ungesäumt dem Staatsministerium des Innern vorzulegen, welches sie dem Landtag nach seinem Zusammentritt zur Prüfung übersenden wird.

V. Ersatz ablehnender oder ausscheidender Abgeordneter.

§ 41.

Wenn ein Abgeordneter die Wahl ablehnt, oder nachträglich aus dem Landtag ausscheidet, tritt an seine Stelle ohne Ersatzwahl der Bewerber, der in dem gleichen Wahlvorschlag, oder, wenn dieser erschöpft ist, in einem verbundenen Wahlvorschlag gemäß §§ 35 und 36 an erster Stelle unter den nichtgewählten Bewerbern berufen ist.

Ist kein solcher Bewerber vorhanden, so bleibt der Abgeordnetensitz unbesetzt.

Handelt es sich um einen nach § 38 gewählten Landesabgeordneten, so ist nach Abs. 2 und 3 des § 38 zu verfahren.

Abs. 1. An erster Stelle, nämlich nach seiner Stimmenzahl.

Abs. 3. Fällt ein Landesabgeordneter weg, so hat der Landes-Wahlkommissär dies zunächst dem Vertrauensmann zu eröffnen, der nach § 38 Abs. 2 den Ersatz zu benennen hat. Geschieht dies nicht rechtzeitig oder fehlt die Möglichkeit hiezu, so kommt § 38 Abs. 3 in Betracht.

§ 42.

Zur Feststellung des Ersatzmannes hat der Landes-Wahlkommissär, sobald er von der Ablehnung einer Wahl (§ 39) oder von dem Ausscheiden eines Abgeordneten (§ 45) Kenntnis erhalten hat, eine Sitzung des Landes-Wahlausschusses einzuberufen. Das Ergebnis der Feststellung ist nach §§ 37 und 39 bekanntzugeben.

VI. Kosten der Wahl.

§ 43.

Die Kosten für die Bereitstellung des Wahlraumes und der für die Wahl sonst nötigen Gegenstände tragen die Gemeinden, alle übrigen Kosten trägt der Staat.

Die Bestimmung ist unverändert, wie bisher. Die bisherige Regelung hinsichtlich der einzelnen Kostenansätze bleibt daher aufrecht erhalten.

VII. Zusammentritt des Landtags.

§ 44.

Kein Abgeordneter darf daran gehindert werden, der Einberufung Folge zu leisten. Wenn er eine Stellung im öffentlichen Dienst einnimmt, dürfen ihm infolge seiner Wahl keine Nachteile erwachsen.

§ 45.

Jeder Abgeordnete kann auf diese seine Eigenschaft jederzeit verzichten. Die Erklärung ist an das Staatsministerium des Innern, oder, wenn der Landtag versammelt ist, an diesen zu richten.

Der Ersatz des Abgeordneten ist dann nach §§ 41 und 42 alsbald einzuleiten.

§ 46.

Die Abgeordneten haben während der Dauer des Landtags und während der vorausgehenden und nachfolgenden acht Tage freie Fahrt in gleicher Weise wie bisher die Landtagsabgeordneten zu beanspruchen.

§ 47.

Über die Aufwandentschädigung für die Abgeordneten ergeht eine besondere Verordnung.

§ 48.

Der Landtag tritt an dem in der Einberufung festgesetzten Tage unter dem Vorsitze des Alterspräsidenten zusammen, wählt Vorsitzende und Schriftführer und beschließt über eine Geschäftsordnung.

§ 49.

Er beschließt über Vorlagen der Staatsministerien und über Anträge aus seiner Mitte.

§ 50.

Der Landtag prüft die Gültigkeit der Wahlen seiner Mitglieder. Er ist befugt, das Wahlergebnis auf Grund der Wahlverhandlungen nötigenfalls richtigzustellen. Erklärt er die Wahl in einzelnen Stimmbezirken für ungültig und bezeichnet er dabei das Ergebnis in diesen als bedeutungsvoll für das Gesamtergebnis, so hat das Staatsministerium des Innern die Wahl in diesen Stimmbezirken auf Grund der alten Wählerlisten wiederholen zu lassen. Der Landes-Wahlausschuß hat dann auf Grund der neuen Wahlergebnisse in diesen Stimmbezirken das Gesamtergebnis nachzuprüfen und gegebenenfalls richtigzustellen.

Zusatzbestimmung für die Wahl in der Pfalz.

§ 51.

Wenn in der Pfalz zu der angegebenen Zeit keine Wahl möglich sein sollte, kann der Landtag die nach dem Landtags-Wahlgesetze vom 9. April 1906 gewählten Abgeordneten als Vertreter der Pfälzer Wähler im Landtag anerkennen und durch den Präsidenten einberufen.

München, den 7. Dezember 1918.

Die Regierung des Volksstaates Bayern.

Der Minister des Innern: **E. Auer.**

Staatsministerium des Innern.

An sämtliche Regierungen, Kammern des Innern, Distriktsverwaltungsbehörden und Gemeindebehörden.

Wahlen zum neuen bayerischen Landtag betreffend.

Die Wahlen zum neuen bayerischen Landtag finden am 12. Januar 1919 statt.

Um die Einhaltung des aus zwingenden Gründen sehr kurz gesteckten Wahltermins unter allen Umständen zu gewährleisten, müssen alle mit den Vorbereitungen zu der Wahl befaßten Behörden diese aufs alleräußerste beschleunigen.

1. Vor allem haben die Gemeindebehörden sofort die Wählerlisten in Angriff zu nehmen und ihre Anlage so zu fördern, daß sie am Samstag, den 4. Januar 1919, zur allgemeinen Einsicht aufgelegt werden können. Zwecks möglichster Beschleunigung haben die Gemeindebehörden die nötigen Vordrucke hierzu unmittelbar sich zu beschaffen. Ein Muster hierfür ist unten abgedruckt. Der Vordruck soll sich, der Übersichtlichkeit und Papierersparnis wegen, auf eine Seite beschränken.

Es ist den Gemeinden überlassen, auf welcher Grundlage sie die Listen anlegen wollen, ob sie hierzu die an einem bestimmten Tage (Stichtag) ortsanwesende Bevölkerung durch eine eigene Erhebung besonders feststellen oder die letzten Volkszählungsergebnisse verwenden wollen. In diesem Falle wird für Männer die letzte Friedensvolkszählung vom 1. Dezember 1910, oder an ihrer Stelle die letzte Landtagswählerliste, für Frauen dagegen die Kriegsvolkszählung vom 5. Dezember 1917 in Betracht kommen. Auf Ersuchen wird das Statistische Landesamt den Gemeinden die Volkszählungslisten zur Verfügung stellen. Auf die veränderten Voraussetzungen des Wahlrechts (§ 2 der Wahlordnung) wird besonders aufmerksam gemacht.

Die Veränderungen in der Bevölkerung nach dem für die Herstellung der Wählerlisten gewählten Stichtag kann durch Nachträge auf Grund von Einsprüchen gegen die Listen und nach ihrem Abschluß auf Grund des § 4 Abs. 3 und 4 der Wahlordnung Rechnung getragen werden.

Gemeinden, in denen sich zurzeit der Wahl größere Truppenverbände befinden, werden auf § 9 Abs. 7 der Wahlordnung noch besonders hingewiesen. Die von den militärischen Stellen hergestellten Wählerlisten müssen am 3. Januar 1919 in den Händen der Gemeindebehörde sein, damit diese sie mit den von ihr hergestellten Listen zur allgemeinen Einsicht auslegen kann.

Die Wählerlisten müssen am Samstag, den 4. Januar, Sonntag, den 5. Januar und Montag, den 6. Januar 1919 ununterbrochen von morgens 8 Uhr bis abends 7 Uhr zu jedermanns Einsicht ausgelegt werden. Wegen der Kürze der Auslegungs- und Einspruchsfrist ist Vorsorge dafür zu treffen, daß auch am Sonntag, den 5., und Montag, den 6. Januar 1919 den ganzen

Tag über Gelegenheit zur Anmeldung von Einsprüchen gegeben ist.

Etwaige Einsprüche sind mit größter Beschleunigung zu behandeln, damit beim Abschluß der Listen am 10. Januar 1919 alle Einsprüche erledigt sind. An diesem Tage sind die Listen in der aus Seite 1 des Vordruckes ersichtlichen Form abzuschließen und alsbald auf sicherstem Wege dem Wahlvorsteher zuzustellen.

2. Die Distriktsverwaltungsbehörden haben den Gemeindebehörden bei der Herstellung der Wählerlisten tunlichst an die Hand zu gehen und den richtigen Vollzug der Vorschriften hierüber tunlichst zu überwachen.

Ferner haben sie ungesäumt an die Bildung der Stimmbezirke heranzugehen (§ 8 der Wahlordnung). Bei der etwaigen Benützung der für frühere Landtagswahlen hergestellten Wahlbezirkseinteilung ist zu bedenken, daß die Wählerzahl gegen die letzte Landtagswahl sich sehr stark vermehrt, annähernd verdreifacht hat. Obwohl hierwegen schon die Wahldauer verlängert worden ist, werden doch auch die Stimmbezirke noch erheblich verkleinert werden müssen, damit bei der zu erwartenden starken Wahlbeteiligung die Wähler ordnungsgemäß abgefertigt werden können. Auch ist dabei in Betracht zu ziehen, daß die Witterungsverhältnisse am 12. Januar 1919 die Zurücklegung größerer und ungünstiger Wege möglicherweise schwierig gestalten. Wenn etwa die vollständige Neueinteilung der Stimmbezirke, namentlich in den großen Städten, Schwierigkeiten verursachen sollte, ist statt derselben auch die Bereitstellung von zwei Wahlräumen in einem Stimmbezirk, und zwar getrennt für Männer und Frauen, für die auch getrennte Wählerlisten angelegt werden können, zulässig.

Für jeden Wahlraum ist ein Wahlvorsteher und ein Vertreter hierfür aufzustellen. Alle diese Förmlichkeiten sind nebst Tag und Stunde der Wahl baldigst im Amtsblatte und außerdem durch die Bürgermeister in ortsüblicher Weise bekannt zu geben, damit die Anlage der Wählerlisten hierdurch nicht aufgehalten wird. Der Abdruck der Bekanntmachung im Amtsblatt ist dem Präsidenten des Verwaltungsgerichtshofes als Landes-Wahlkommissär zu übersenden.

3. Die Vordrucke für die Niederschrift über die Wahlverhandlung samt den Stimm- und Gegenlisten haben die Regierungen, Kammern des Innern, zu beschaffen und den Wahlvorstehern durch Vermittlung der Distriktsverwaltungsbehörden rechtzeitig zu übersenden. Ein gegen das bisher gebräuchliche etwas abgeändertes Muster hierzu wird den Regierungen demnächst zugehen. Die bisher üblichen Stimm- und Gegenlisten können unverändert benützt werden.

4. Über die Einsendung der Wahlverhandlungen und die Anzeige über die Wahlergebnisse durch die Wahlvorsteher, sowie die Behandlung der hierdurch erwachsenden Kosten folgt weitere Entschließung. Bis dahin ist mit der Belehrung

der Wahlvorsteher und ihrer Vertreter über ihre Obliegenheiten noch zuzuwarten.

München, den 7. Dezember 1918.

E. Auer.

Wählerliste

Seite 1.

für die Wahl zum

Bayerischen Landtag.

des Stimmbezirks ....

der Gemeinde ....

Bemerkungen:

1. In der Wählerliste sind alle männlichen und weiblichen bayerischen Staatsangehörigen aufzunehmen, die am Tage der Wahl das 20. Lebensjahr zurückgelegt haben.
2. Der Eintrag erfolgt am Orte des Wohnsitzes des Wahlberechtigten, für beim Heer befindliche Militärpersonen am Standort ihres Truppenteiles.

Bestätigung.

Daß die vorliegende Wählerliste ordnungsgemäß hergestellt worden ist und nach vorgängiger ortsüblicher Bekanntmachung vom .. Januar 1919 bis zum .. Januar 1919 im .... zu jedermanns Einsicht ausgelegen hat, sowie daß die Abgrenzung des Stimmbezirks, der Name des Wahlvorstehers u. seines Stellvertreters, Ort, Tag und Stunde der Wahl acht Tage vor dem Wahltag in ortsüblicher Weise bekanntgemacht worden sind, wird hierdurch bescheinigt. (Die völlige Übereinstimmung dieser Zweitschrift mit der Urschrift wird bestätigt.)

......., den ....

Die Gemeindebehörde:

(Siegel.) ....

(Unterschrift.)

Seite 2.

Nr.	Abstimm-Vermerk	Zu- und Vorname	Alter der Geburt Tag	Monat	Jahr	Beruf	Wohnort oder Wohnung	Bemerkungen
1	2	3	4			5	6	7

IV.

Sachregister zum Reichswahlgesetz und zur Reichswahlordnung.

(Die Zahlen bedeuten die Seiten).

Sachregister zur Wahlordnung für den neuen bayerischen Landtag.

(Die Zahlen bedeuten die Seiten).

FSC
www.fsc.org
MIX
Papier | Fördert
gute Waldnutzung
FSC® C083411

Kolibri 360 GmbH
Ferdinand-Jühlke-Straße 7
99095 Erfurt, Deutschland
produktsicherheit@kolibri360.de